KB044328

일상을
철학하다

일상을 철학하다

일과 인생에서 헤맬 때는 아리스토텔레스

오가와 히토시 지음
고재운 옮김

바다출판사

들어가며

아리스토텔레스와 함께 일상을 철학하다

'아리스토텔레스가 누구지?' 이런 의문에서 이 책을 손에 넣은 분도 많을 것입니다. 철학자라고 하면 소크라테스밖에 모르는 분도 있겠지만, 아리스토텔레스는 바로 그 소크라테스의 제자의 제자에 해당하는, 고대 그리스의 위대한 철학자입니다.

아리스토텔레스는 '만학의 아버지'로 불릴 정도로 온갖 학문에 처음 손댔습니다. 인간은 무엇을 알고, 무엇을 생각해야 할지를 확실히 일깨워준 인물입니다. 그런 의미에서, 장래를 예측할 수 없는 이 불확실한 시대에 앞으로 나아가야 할 방향을 찾고, 확고한 사고를 실천하기 위해서도 그의 철학이 필요하다고 생각합니다.

본문에서는 윤리에서 정치학, 그리고 과학에 이르기까지 97가지의 아리스토텔레스 사고술을 소개하고 있습니다만 이 박학한 철학자에게 배워야 할 것은 무한대라고 할 수 있습니다. 여기서는 본문에 다 쓸 수 없었던 아리스토텔레스 철학의 사고의 본질을 3가지 정도 소개하고자 합니다.

우선 '경험주의'입니다. 아리스토텔레스는 지(知)를 중시한 철학자로 알려져 있습니다. 게다가 머릿속으로 생각한다는 의미의 관상(觀想 · 순수한 이성의 활동에 의하여 진리나 실재를 인식하는 일-역주)'을 중요시하였습니다.

하지만 그 지의 배경에는 세밀한 관찰이며 실험 등이 존재합니다. 그의 《자연학》이며 《정치학》 등을 보면 어디까지나 사고의 토대가 경험임을 확실히 알 수 있습니다. 따라서 그의 사상의 본질은 '경험주의'라고 할 수 있습니다. 여러분도 머리만 키우지 말고 경험에 기초한 지를 몸에 익히시기 바랍니다.

다음으로 말하고 싶은 것은 '메타 사고'입니다. 그가 창시한 형이상학이라는 학문은 메타피지카(Metaphysica)라고도 합니다. 본래 메타라는 말은 '나중의'라는 의미였습니다만 '넘어서'라는 의미를 가지게 되었습니다. 요컨대 어떤 사물에 대해 그 사물을 초월한 전제, 그 자체를 고찰하는 일을 '메타 사고'라고 합니다. 아리스토텔레스는 그야말로 사물의 전제를 과감히 묻는다는 의미에서 '메타 사고'의 실천자라고 할 수 있습니다.

나아가 한 가지 더 주목하고자 하는 것이 '개념의 창시'입니다. 아리스토텔레스는 수많은 학문을 시작했기에 수많은 개념도 낳았습니다. 220쪽에 나오는 가능태와 현실태가 그런 예입니다. 이러한 개념 창시 자체가 사고법으로서 꼽을 수 있으리라 생각합니다. 새로운 개념을 낳는다는 것은 새로운 형태의 사고를 함에 틀림없기 때문입니다.

본문에 소개된 사고를 위한 공식 97가지에 이 3가지를 더한 100가지 사고술이 여러분의 인생이며 일에 좋은 영향을 줄 것입니다. 21세기를 사는 우리들이 나아가야 할 방향은 과연 어디인지? 지금이야말로 아리스토텔레스의 조언이 필요할 때입니다.

철학자 오가와 히토시

차례

사랑을 철학하다

"상대와 자신을
동등하게 생각해 본다면?"

사랑하는 사람과 함께 하기 위한
아리스토텔레스의 조언이다.

LIFE
01

사랑의 본질

사랑이란 상대의 존재 자체에 끌리는 마음이다

——— 이끌림은 사랑(philia · 필리아)의 단초라고 할 수 있다. 이는 곧 시각을 통한 쾌락이 연애의 단초라고 단정할 수 있을 것이다. 왜냐하면 우선 외모에 쾌락을 느끼지 않으면 아무도 연애를 하지 않는다. 하지만 모습을 보는 것에 희열을 느끼는 사람이라고 해서 반드시 연애를 하고 있는 것은 아니다. 보이지 않으면 상대를 그리워하고 그 사람이 자신의 곁에 있기를 바라야만 비로소 연애를 하고 있다고 할 수 있다.

《니코마코스 윤리학》

아름답게 치장한 외모에 혹하지 말라

아리스토텔레스는 연애의 시작은 외모에 대한 관심에 있다고 말합니다. 겉모습에 이끌림으로써 사랑이 시작된다는 겁니다. 이것은 누구나 경험한 적이 있으리라 생각합니다. 단지 그것만으로는 사랑은 성립되지 않습니다.

아리스토텔레스는 상대가 보이지 않더라도 곁에 있어줬으면 하고 바라는 것이 '진정한 사랑'이라고 합니다. 상대를 진심으로 좋아하게 되면 겉모습 따위는 전혀 개의치 않게 되는 경우를 누구나 경험했을 것입니다. 그것은 아마도 마음과 마음이 강하게 연결되기 시작해서일 것입니다. 결혼 후에 둘 다 얼굴 주름이 늘고 체형이 엉망이 되더라도 여전히 금슬 좋게 시간을 보낼 수 있는 것은 상대의 존재 자체가 사랑스럽기 때문입니다.

요컨대, 계기야 어떻든 진정한 사랑이란 서로의 존재를 바라게 될 때에 이루어지는 것입니다. 아무튼 겉모습을 중시하는 시대이긴 하지만 중요한 것은 내용입니다. 아름답게 치장한 외모에 혹하지 말고 마음씨가 아름다운 짝을 찾도록 합시다.

LOVE
02

진정한 사랑

진정한 사랑은 그 사람의 행복을 오로지 바란다

——————어떤 사람에게 가장 진정한 의미에 있어서 친애하는 사람이란, 설사 아무도 그 사실을 알지 못하더라도 그 사람을 위해 그 사람의 행복을 빌어주는 바로 그런 사람이다.

《니코마코스 윤리학》

어떠한 경우에도
자신을 믿어주는 '버팀목'을 찾자

아리스토텔레스는, '친애하는 사람'이란 나 자신의 행복을 빌어주는 사람이라고 합니다. 자신에게 무엇이 행복인지는 참으로 어려운 물음이고 때로는 본인조차도 알지 못합니다. 하지만 그래도 행복을 빌어주는 사람, 그 사람은 나 자신에 대해 꽤나 소중히 생각해 주는 사람임에 틀림없습니다.

한마디 덧붙인다면 어떠한 경우에도 행복을 빌어주는 것입니다. 나 자신이 주위의 인정을 받지 못하는 경우나 일을 잘못해서 외톨이가 된 경우에도 끝까지 믿고 응원해 주고자 하는 것입니다.

특히 아무도 나 자신을 믿어주지 않는 그런 상황에서 단 한 사람이라도 믿어주는 사람이 있으면 그 사람의 존재에 깊은 애정과 감사를 느끼는 동시에 살아가는 버팀목까지 될 수도 있을 것입니다.

만약 제가 그런 상황에 빠진다면 그 사람 앞으로 이렇게 편지를 쓰겠습니다. "친애하는 사람에게"라고요. 사랑이란 결국 상대를 믿고 그 사람이 행복한 상황이 되도록 간절히 바라는 일입니다.

LOVE
03

사랑의 쾌락

사랑하는 기쁨과 사랑받는 기쁨은 다르다

——————사랑하는 사람과 사랑받는 사람은 서로 다른 데에서 기쁨을 느끼는 것이 일반적이다. 전자는 후자를 바라보는 데서, 후자는 사랑하는 쪽 사람의 보살핌을 받는 데서 기쁨을 느낀다. (중략) 한창 젊은 때가 종말을 고함과 동시에 그들 사랑도 자칫하면 종말을 고하게 된다. 다만 그들이 유사한 사람 됨됨이(ethos · 에토스)를 가지고 있고 친밀함을 계기로 서로의 '사람 됨됨이'를 좋아하기에 이르렀을 경우에는 사랑을 지속해 가는 사람도 결코 적지는 않다.

《니코마코스 윤리학》

가치관이 같아야 사랑이 오래 간다

이성에게 교제를 신청할 때 어느 한 쪽이 사랑을 고백합니다. 그리고 상대는 사랑을 받고 있다는 사실에 기쁨을 느끼고 교제를 받아들입니다. 이런 모습은 서로가 좋아서 사귀고 있는 것처럼 보이지만 그 배경에는 어느 한 쪽이 다른 한 쪽을 사랑하고, 그 다른 한 쪽은 사랑을 받는다는 관계가 존재하고 있습니다. 특히 사랑의 초기 단계에서는요.

게다가 아리스토텔레스에 따르면 사랑하는 쪽은 상대를 바라보는 것 말하자면 넋을 잃고 바라보는 것에 쾌락을 느끼고, 사랑받는 쪽은 상대의 돌봄을 받는 것 말하자면 관심을 받고 있는 것에 쾌락을 느낀다고 합니다. 예를 들면 남성이 여성을 더 사랑하고 여성이 그 사랑을 받아들이는 경우에는 남성이 여성에게 끌려다닐 확률이 높습니다.

사랑에 있어서 쾌락의 차이는 아주 예리한 지적입니다. 뒤집어 말하면 두 사람이 유사한 쾌락을 가지고 있으면 연애도 오래 지속된다는 거죠. 인생의 반려자로는, 웃음보따리나 취미 등 공통된 가치관이나 사람 됨됨이를 가진 사람을 선택하면 좋을 것입니다.

LOVE
04

사랑의 이유

이로운 점이 있기 때문에 사랑한다

―――――사랑을 받는 것은 좋은 것, 쾌적한 것, 유익한 것 중 어느 한쪽일 것이다.

《니코마코스 윤리학》

사랑의 조건은
좋든지 편하든지 쓸 만하든지

사랑의 대상이란 무엇일까? 아리스토텔레스는 좋은 것인가, 쾌적한 것인가, 유익한 것인가 중 어느 한쪽이라고 답합니다. 확실히 우리가 사랑하고 좋아하는 것은 이 중 어느 쪽에 해당하는 그런 느낌이 듭니다.

왜 그 대상이 좋은지를 질문 받으면 앞의 세 가지 중 어느 한쪽에 해당할 것입니다. 예를 들면 제가 애용하는 만년필은 품질이 좋기 때문에 사용하고 있습니다. 아끼는 자동차는 연비가 나쁜 것이 옥에 티입니다만 승차감이 쾌적하기 때문에 타고 있습니다. 영자 신문을 애독하는 것은 저에게 보탬이 되기 때문입니다.

그렇다면 이것이 다른 사람에 대한 사랑에도 해당될까요? 대답은 예스입니다. 누군가와 함께 지내는 것은 그 사람이 좋은 사람이기 때문에, 같이 있으면 쾌적하기 때문에, 유익하기 때문에 중 어느 한쪽입니다. 실제로 좋아하는 사람 얼굴을 떠올리면서 왜 그 사람이 좋은지를 생각해 봅시다. 이점이 있기 때문에 다른 사람을 사랑한다는 것은 다소 노골적이긴 합니다만 현실주의자인 아리스토텔레스다운 분석입니다.

LOVE
05

사랑의 대상

'나쁜 것'을 사랑해서는 안 된다

———— '사랑받아야 할 것'은 모든 것이 아니라 좋은 것이 사랑받아야만 한다. 나쁜 것은, 사랑받아야 할 것도 아니려니와 사랑해서 좋은 것도 아니다. 사람은 나쁜 것을 좋아하거나 나쁜 것을 닮아가서는 안 된다.

《니코마코스 윤리학》

사랑은
자신의 가치관의 발로

사랑의 대상은 좋은 것이어야지 나쁜 것이 되어서는 안 된다고 아리스토텔레스는 말합니다. 여기서 말하는 나쁜 것이란, 나 자신에게 악영향을 끼치는 것을 가리킵니다.

예를 들어 풍요로움을 추구하는 여성이 궁핍한 남성을 좋아하게 되었다고 칩시다. 이 경우 가난한 남성은 이 여성에게 나쁜 것입니다. 무릇 벌이가 '좋지 않다=나쁘다'고 하는 발상은 문제입니다만, 개중에는 이렇게 생각하는 여성이 있는 법입니다.

그렇다면 만인에게 나쁜 사람이 있을까요? 극단적으로 말하면 비열한 살인마 등이 해당될지도 모릅니다. 왜 살인마를 사랑하면 안 되는가 하면, 끔찍이도 사랑하게 됨으로써 살인 행위 자체를 긍정하게 될 수 있기 때문일 것입니다.

말하자면 사랑하는 대상은 자신의 가치관의 발로이기 때문에, 나쁜 것을 사랑한다는 것은 좋지 않은 가치관 탓이란 윤리적 비난을 받을 수 있습니다.

LOVE
06

사랑의 환경

인간관계가 대등해야 사랑이 자란다

———— 군주제에서는 사랑도 정의도 일정한 한계가 있지만, 민주제에서는 좀 더 큰 한도까지 가능하다. 그것은 민주제에서는 사람들이 균등하기에, 아마 서로를 통하게 하는 공통적인 것이 많기 때문이다.

《니코마코스 윤리학》

민주제하에서 사랑이 생겨나기 더 쉽다

아리스토텔레스는 민주제를 전면적으로 긍정하고 있지는 않습니다. 하지만 사랑에 대해서는 적어도 민주제의 경우가 생겨나기 쉽다고 합니다. 사랑이 공동성이나 균등성의 산물이라고 생각하기 때문입니다.

군주제의 경우 지배자와 피지배자 사이에 공동 행위가 없기 때문에 사랑은 공유되지 않습니다. 이에 반해 민주제는 사람들이 대등한 입장에 있기 때문에 서로를 염려하고 마침내는 사랑이 싹트는 일이 일어날 수 있습니다.

확실히 민주제의 싹이라고도 할 수 있는 시위나 혁명에서의 연대감을 보면 동지들끼리 서로 사랑을 나누고 있는 것처럼 보입니다. 그리고 민주제가 실현된 이후에도 이론적으로는 사랑은 계속됨에 틀림없습니다.

문제는 실질적으로 민주제가 성숙해 가면, 그것이 너무나 당연한 것이 되어 민중 사이에 무관심이 널리 퍼지는 점입니다. 그 결과 목소리가 큰 사람들에 의해 사실상의 군주제와 같은 상태가 만연하고 맙니다. 건전한 민주제를 위해서도 사랑을 놓치지 않도록 합시다.

LOVE
07

사랑의 요소

애정도 우정도 '상호 행위'이다

———— 사랑이란, 자타가 함께인 것이다. 그렇기 때문에 다른 사람의 나에 대한 관계가 결국은 또한 그 상대 자신에 대한 관계이기도 하다.

《니코마코스 윤리학》

늘 상대의 마음을 생각하는 것이 중요

일반적으로 애정은 상대를 생각하는 감정을 가리킵니다. 그 때문인지 곧잘 주관적인 감정으로 취급하기 쉽습니다만 아리스토텔레스는 달리 접근합니다. 그가 말하는 사랑이란 '자타가 함께'인 것으로, 내가 상대에게 품었던 감정이, 동시에 상대가 나에 대해 품는 감정이기도 합니다. 말하자면 사랑은 일방적인 행위가 아니라 상호 행위여야 한다는 것입니다.

상대를 자신과 마찬가지로 생각하는 '우애'를 생각해 봅시다. 아무리 상대를 신뢰하더라도 상대가 나를 동등하게 생각해 주지 않고서는 우정은 성립하지 않습니다. 저도 예전에 신뢰하던 사람을 일방적으로 친구라고 생각해서 어울리곤 했습니다. 하지만 유감스럽게도 상대는 나처럼 생각하지 않았는지 결과적으로 삐걱거린 경험이 있습니다.

애정이나 우정은 자칫하면 자기중심적으로 생각하기 쉽습니다만 늘 상대의 마음을 생각하며 행동하면 좋을 것입니다.

LOVE
08

사랑의 상호관계

서로 나눌 수 있어야 사랑이 가능하다

——————무생물을 사랑하더라도 이것은 사랑이라고는 부를 수 없다. 분명 여기에는 상호적인 애정이 존재하지 않아 '무생물을 위해 선(善)을 바란다'는 것은 있을 수 없다.

《니코마코스 윤리학》

물건보다 사람을 사랑하라

아리스토텔레스는 무생물(비생명체)을 사랑할 수는 없다고 합니다. "나는 이 차를 사랑한다"고 하는 사람도 있겠지만 그것은 불가능합니다. 왜냐하면 그곳에는 '상호성'이 없기 때문입니다.

아리스토텔레스가 말하는 사랑에는 이쪽저쪽이 함께하는 애정이 존재해야 합니다. 말하자면 사랑을 나눈다는 점이죠. 확실히 무생물의 경우에는 서로 사랑을 나누는 일은 불가능합니다. 아리스토텔레스가 말하는 사랑의 목적이 선인 이상, 상대의 선을 바라지 못한다면 애정은 성립되지 않습니다.

기껏 할 수 있는 일이라고는 술을 좋아하는 사람이라면 이 세상에 술이 존재하기를 바라는 일 정도라고 생각합니다. 자동차나 오토바이를 사랑한다는 것은 바로 이런 의미에 지나지 않습니다.

어쩌면 무생물을 생물처럼 간주하여 제멋대로 상호적인 사랑을 상상하고 있을지도 모릅니다. 하지만 오토바이나 자동차를 아무리 사랑하더라도 발전성은 기대할 수 없기 때문에 사랑은 사람에게 쏟아야 마땅할 것입니다.

LOVE
09

공동체의 사랑

공유된 올바름은 사랑과 같다

——————사랑은 '정(正 · dikaion · 디카이온)'*이 관계하는 것과 동일한 사항에 관계하고, 같은 사람들 사이에 발현되는 것으로 보인다. 말하자면 어떠한 공동체에도 일정한 '정'이 존재하며 거기에는 또한 일정한 '사랑'이 존재한다고 생각할 수 있다.

《니코마코스 윤리학》

*올바름. 적법적, 균등적의 의미. 반대는 부정(不正)-역주

공동체에서는 올바름과 사랑이 함께 간다

회사든 스포츠 팀이든 같은 공동체에 속해 있는 이상 무엇이 올바른 것인지, 무엇을 해야 할 것인지에 대해 사람들은 똑같은 가치관을 공유하고 있을 것입니다. 그렇지 않다면 함께 생활한다든지 생산적인 활동을 하는 것은 불가능합니다.

아리스토텔레스는 그렇게 공유된 올바름은 사랑과 동일하다고 말합니다. 사랑이란 어떤 대상에 대해 스스로가 마음에 든다고 생각하는 감정입니다. 그것은 스스로가 옳다고 생각하는 감정이기도 해서 양자는 겹치기 마련입니다.

분명히 "사랑하는 일이 나쁘다"고 말하는 사람은 없습니다. 적어도 본인에게 사랑은 항상 정당한 것입니다. 공동체에서 공유하는 올바름이 있다면 거기에는 공유할 수 있는 사랑도 분명 존재할 것입니다.

자신이 태어나고 자란 곳에 대해 품는 향토애는 그 예라고 할 수 있습니다. 그것이 발전하면 애국심이 될지도 모릅니다. 자신의 국가나 자기 자신을 긍정하기 위해서도 좀 더 국가를 생각해도 좋지 않을까요.

LOVE
10

무조건적 사랑

사랑받기보다 사랑하라!

――――― 사랑이라는 것은 사랑받는 것보다도 오히려 사랑하는 데에 있다고 할 수 있다. 사랑한다는 것만으로도 기쁨을 느끼는 어머니들이 바로 그 증거이다.

《니코마코스 윤리학》

사랑받고 있음을
깨닫는 것도 중요

사랑하는 것과 사랑받는 것, 여러분은 어느 쪽을 택하시겠습니까? 저는 사랑하는 쪽을 택하겠습니다. 사랑은 스스로의 욕구이고, 그것이 충족되지 않으면 의미가 없다고 생각하기 때문에 사랑하는 쪽이 더 낫습니다.

혹시 누군가가 나를 사랑하더라도 내가 그 사람에 대해 알아차리지 못하면 기쁨은 얻을 수 없습니다. 반대로 상대의 감정이야 어떻든 내가 그 사람을 사랑하는 것만으로도 만족감을 느낄 수 있습니다.

이에 대해서는 아리스토텔레스도 같은 의견입니다. 그 예로 어머니가 자식에게 쏟는, 대가를 바라지 않는 사랑을 예로 듭니다. 하지만 아이는 그것을 모르고 때로는 불효를 저지르기도 합니다.

생각해 보면 우리 스스로는 누군가를 좋아하는 일에 마음을 뺏겨, 누군가에게 사랑받고 있다는 점을 놓치기 쉽습니다. 부모님의 사랑만 하더라도, 듬뿍 받는 것이 너무나 당연하다고 생각하는 사이에, "효도하고 싶을 때 부모는 이미 없다"는 상황이 되기 쉽지요. 부모님에만 한정하지 말고 당신에게 주어지는 사랑에도 반드시 눈을 돌려주기 바랍니다.

LOVE
11

자기애(自己愛)

때로는 자기애가 사회를 번영케 한다

———— 좋은 사람이야말로 가장 자애적인 사람이어야만 하는 이유가 있다. 물론 그것은 배척당하는 그런 종류의 자애와는 다르다. 이 양자의 차이는 도리에 맞게 산다는 것과 감정이 향하는 대로 산다는 것의 차이에 필적하고, 또한 참된 것을 바라는가 혹은 공익으로 여겨지는 것을 바라는가의 차이에도 필적한다.

《니코마코스 윤리학》

선을 추구하는 자기애는 공공에 이롭다

자기애에도 좋고 나쁨이 있습니다. 좋은 자기애는 이치에 따라 참된 것을 바라고, 나쁜 자기애는 감정이 향하는 대로 이익을 추구합니다. 분명히 자기애가 욕망에 사로잡혀 있으면 자기 배만 채울 뿐 좋을 일이 하나도 없습니다. 이에 비해 자기애가 선을 추구할 경우 그 사람은 자신만이 아니라 다른 사람에게도 이익을 가져오게 될 것입니다. 아리스토텔레스의 논지는 이 점에 있습니다.

따라서 아리스토텔레스가 말하는 것처럼, 자기애도 결코 부정될 것이 아니라, 좋은 사람이 자기애를 가지고 있는 것은 오히려 환영해야만 할 일입니다. 이것은 정치가나 기업가에게도 해당되는, 당연한 일입니다.

LOVE
12

부부애

부부 덕분에 국가가 존재한다

————부부 사이에 사랑이 존재함은 본능에 따른 것으로 보인다. 아마도 인간은 본능적으로 국가나 사회를 형성하려는 것 이상으로 짝을 지으려는 경향이 있기 때문이다. 달리 말하면 가정은 국가에 앞선 보다 불가결한 것이고, 생식(生殖)은 모든 동물에게 통용되는 공통적인 본성이기 때문이라고 할 수 있다.

《니코마코스 윤리학》

사랑하는 사람을
지키는 게 중요

부부애는 국가에 대한 사랑과는 달리 본성적인 것이라고 아리스토텔레스는 말합니다. 왜냐하면 부부가 자손을 남기지 않고서는 국가는 성립하지 못합니다. 부부로 사랑을 키우는 일, 덧붙이면 생식 행위는 국가에 대한 사랑보다도 불가결하다는 것입니다.

확실히 이것은 본질을 꿰뚫고 있습니다. 아무리 국가가 중요하다 하더라도 남편이나 아내와 비교된다면 배우자를 택할 것입니다. 양자택일을 해야 하는 이런 상황은 좀처럼 접하기 쉽지는 않습니다만 전쟁 중이라면 있을 수도 있습니다. 국가를 더 사랑해서 기꺼이 남편을 전쟁터로 내보낸다든지….

하지만 이런 이야기는 그다지 들어본 적이 없을 것입니다. 아리스토텔레스가 본질을 꿰뚫고 있다는 증거입니다. 생식 행위라고 하면 귀가 솔깃할지 모르겠습니다만, 그것은 쾌락적인 성행위가 아니라 어디까지나 본능으로서의 생식 행위를 가리킵니다.

가령 국가의 정치나 경제가 불안정해지더라도 우선은 내가 사랑하는 사람을 지키는 일이 중요합니다.

LOVE
13

학습애

인간은 본질적으로 배우는 것을 아주 좋아한다

———— 사람은 누구나 태어나면서부터 지(知)를 구한다.

《형이상학》

호기심은 인간의 본질 중 하나

아리스토텔레스는 "사람은 태어나면서 지(知)를 구한다"는 말로 호기심에 가득 찬 인간의 본질을 표현하고 있습니다. 실은 철학의 어원인 필로소피아(philosophia)는 '지혜를 사랑한다'는 의미입니다.

확실히 사람은 배우는 것을 좋아합니다. 학교나 공부를 싫어하는 사람은 많습니다만 배우는 것 자체를 싫어하는 사람은 의외로 적습니다. 사람은 모두 태어날 때부터 호기심을 갖춘 생명체입니다.

우리는 누구나 어릴 적에는 호기심이 왕성하여 새로운 것을 추구하곤 했을 것입니다. 그러다 어느새 강요된 교육에 싫증을 느끼고 공부를 싫어하게 됩니다. 이는 유감스런 일입니다.

하지만 사람은 성장함에 따라 배우고자 하는 욕구가 다시금 싹틉니다. 때에 따라서는 어른이 영어회화 학원에 다니기도 하고 자기계발서를 사서 배우기도 하는 등 돈을 들여서라도 공부를 하려고 합니다. 여러분이 이 책을 손에 들고 있는 그 자체가 실은 지적 호기심이 왕성한 증거입니다.

LOVE
14

사랑의 종언

균형을 잃었을 때 사랑은 끝난다

——————분쟁은 또한, '한쪽이 일방적으로 우월한 위치에 있는 사랑'에서도 일어난다. 양쪽 모두 상대보다도 더 많은 것을 얻기를 주장하는 경우가 그렇다. 그 결과 사랑은 단절로 이어진다. 이 경우 한쪽에서는, 상대보다 나은 사람이 보다 많은 것을 갖는 것은 지극히 당연하다고 생각한다.

《니코마코스 윤리학》

사랑은 서로 주고받아야 지속된다

사랑은 어떤 식으로 종말을 맞이할까? 아리스토텔레스는 이것을 논리적으로 설명하고 있습니다. 쉽게 말하면 '과자 쟁탈전'입니다. 사랑은 사이좋게 등분하지 않으면 반목이 생기는 것입니다.

지금껏 말씀드려 온 것처럼 사랑은 균등성 · 상호성을 원리로 하는 관계입니다. 그런데 균등을 꾀할 수 없게 된다면 어떻게 될까요? 균형이 깨지고 사랑은 단절됩니다. 이것은 어떤 종류의 사랑에도 적용된다고 할 수 있습니다. 사람에 대한 사랑에도, 국가에 대한 사랑에도 말이죠.

서로 균등하게 주기 때문에, 적어도 그 가능성이 있기 때문에 사랑은 성립하는 것입니다. 그것이 일방적인 관계가 되어 버리면 노예 관계와 다를 바 없습니다. 노예에게 사랑이 없는 점은 아리스토텔레스도 분명히 말하고 있습니다.

국가도 그렇습니다. 아무것도 줄 수 없는 국가는 전제국가이고 거기에 사랑은 없습니다. 뒤집어 말하면 사랑을 이어가는 비결은 서로 주고받는 관계를 늘 의식하는 것이라고 할 수 있습니다.

스승 플라톤과의 반목

고대 그리스의 철학자 아리스토텔레스(기원전 384년-기원전 322년)는 철학자 플라톤이 세운 아카데미아라는 학원에 17살 나이에 입학했습니다. 그 이후 평생 플라톤을 스승으로 존경해마지 않았습니다. 플라톤 또한 아리스토텔레스를 '학원의 지성'이라 부르며 높이 평가했던 모양입니다.

하지만 철학의 세계에서는 스승을 존경하는 일과 스승의 사상을 따르는 일은 완전히 별개의 이야기입니다. 아리스토텔레스의 경우에도 도리어 플라톤을 비판하는 사람이었습니다. 그 증거로, "아리스토텔레스는 새끼 말이 어미 말을 걷어차듯이 나를 걷어차고 가버렸다"는 플라톤의 말이 남아 있을 정도입니다.

두 사람의 생각은, 사물의 본질을 이데아라는 천상 세계에서 찾는 플라톤의 이상주의와 사물의 본질을 지상의 현실 세계에서 찾고자 하는 아리스토텔레스의 현실주의처럼, 서로 정반대에 위치한 것이었습니다.

그런 대립을 상징적으로 묘사하고 있는 것이, 이탈리아 화가 라파엘의 명작 '아테네 학당'입니다. 이 그림 속에는 천상을 가리키는 플라톤과 지상으로 손바닥을 향한 아리스토텔레스가 열심히 토론하는 모습이 그려져 있습니다. 두 사람은 스승과 제자 관계이면서도 좋은 경쟁자였다고 할 수 있지 않을까요.

행복을 철학하다

"최적의 상태를 생각해 본다면?"

행복을 손에 넣기 위한
아리스토텔레스의 처방이다.

HAPPINESS
01

행복의 본질

행복은 우러러 받들어야 할 특별한 것이다

———— 우리는 누구나 행복을 위해 모든 것을 행한다. 그런데 온갖 선의 근원 또는 발단이 되는 것은 무언가 우러러 받들어야 할 것, 신적인 것이지 않으면 안 된다고 우리는 여기고 있다.

《니코마코스 윤리학》

행복은 신과 마찬가지로 존엄하다

행복은 칭찬하여야만 하는 것일까, 아니면 우러러 받들어야만 하는 것일까? 우리로서는 실감이 가지 않는 물음으로 들립니다만 아리스토텔레스는 그 부분을 엄밀하게 구별합니다.

우선 용어의 전제로서, 칭찬은 어떤 성과에 대해 주어지는 것이기 때문에 존경보다도 낮게 평가하는 것 같습니다. 예를 들면 신을 칭찬하는 일은 없는 것처럼 말입니다.

그리고 행복은 신과 마찬가지로 최고의 선이기 때문에 칭찬 이상의 대상이라고 합니다. 따라서 우러러 받들어야 할 것, 신적인 것이지 않으면 안 된다는 말입니다. 그만큼 행복의 의의를 높이 평가한다는 것입니다. 또한 하나하나의 뛰어난 성과와 동등한 수준으로 취급하지 않는 점도 주목할 만합니다.

생각해 보면 그렇기 때문에 행복이라는 개념이 있을 것입니다. 그렇지 않다면 맛있다든지 기분이 좋다든지 하는 개개의 감정만으로 충분하기 때문입니다. 행복이라는 보편적인 감정이 존재하는 점 자체가 그것의 특별함을 상징하고 있다고 할 수 있습니다.

HAPPINESS
02

행복에 이르는 길

노력해서 얻은 행복이 길게 간다

———————지복(至福)한 사람 또는 행복한 사람은 하루아침에 만들어지지 않는다.

《니코마코스 윤리학》

순간의 행복은 잠시 빌린 것에 불과

행복이란 하루아침에 손에 넣을 수 있는 것은 아닙니다. 아리스토텔레스는 이렇게 말합니다. 생각해 보면 행복은 비용이 많이 드는 물건입니다. 가만히 앉아 행복을 바라는 것은 너무나 이기적인 이야기입니다.

요즘은 원하는 것을 너무나 쉽게 손에 넣을 수 있는 사회가 되었습니다. 물건이나 서비스만이 아니라 행복도 인터넷 클릭만으로 손에 들어올 것 같습니다. 하지만 그런 행복은 잠시 빌린 것으로, 순식간에 사라집니다. 노름을 해서 큰돈을 거머쥐더라도 행복은 잠시뿐입니다, 진정한 행복은 시간을 들이고 노력을 해서 간신히 손에 넣는 것입니다. 이런 행복이 오래 지속됩니다.

운동이나 규칙적인 생활을 통해 건강해졌다면, 또는 상대를 배려하면서 결혼생활을 해서 가족애를 얻었다면, 그것은 결코 순간적인 행복으로는 끝나지 않을 것입니다.

우리 주변에 있는 행복해 보이는 사람을 잘 살펴보십시오. 틀림없이 착실하게 노력하고 있습니다. 행복은 하루만에 이루어지지 않습니다.

HAPPINESS
03

행복해지는 방법

행복은 신의 선물이 아니다

——————행복은 보다 널리 퍼져야만 할 것이다. 사실 탁월성까지는 못 미치더라도 온전한 사람이라면 누구든 어떤 학습이나 배려로 행복을 얻을 수 있다. 또한 이러한 방법에 의한 행복이 운(tuche · 튜케)에 의한 행복보다 나은 것이라면, 사람은 역시 그러한 방법으로 행복해질 수 있는 존재로 보는 것이 지당할 것이다.

《니코마코스 윤리학》

행복은 얻고자 하는 자에게 주어진다

아리스토텔레스는 행복은 학습이나 습관들이기로 얻을 수 있는지, 아니면 운으로 얻을 수 있는지를 묻습니다. 만약 후자라면 행복은 선택된 사람에게 보내는 신의 선물이 되고 맙니다. 하지만 행복은 좀 더 넓은 범위에 미치지 않으면 안 되는 것입니다.

그렇다면 행복은 학습이나 습관들이기로 얻을 수 있는 것이라는 말이 됩니다. 앞 항목에서 말했듯이 행복을 손에 넣으려는 사람은 모두 하나같이 노력을 합니다. 물론 노력했다고 해서 누구나 행복을 약속받는 것은 아닙니다만 행복은 적어도 노력이 전제되는 것입니다.

말하자면 '구하지 않는 사람에게는 주어지지 않는다'는 속담과 같습니다. 무엇보다 그렇게 생각하는 편이 기분이 좋아지지 않을까요. 인간은 누구나 노력하지 않으면 안 됩니다. 그래도 노력이 행복을 얻기 위한 증표라고 생각하면 괴로움은 사라질 것입니다. 사실은 이런 마음 상태를 행복이라 부를지도 모르겠습니다.

HAPPINESS 04

행복의 유지

'그럭저럭 괜찮은 것'이 행복을 키워준다

——— 행복(eudaimonia · 에우다이모니아)은 이상적 인생을 구성하는 요소의 하나가 아니라 복합물이라는 점은 분명하다. 이상적 인생은, 한 요소에 의해 이상적으로 되는 것이 아니라 복수의 규준 내지 목표를 포함하고 있는 것이다.

《니코마코스 윤리학》

행복도 기쁨도 정점에 이르면 스러진다

행복은 하나의 요소로 성립되는 것은 아닙니다. 이것은 의외로 간과하기 쉽습니다. 우리는 분명, 하나만 좋은 일이 있고 나머지는 나쁜 일만 있다면 행복하다고는 생각하지 않습니다. 무슨 일이든 그럭저럭 잘 풀리는 쪽이 실은 행복감을 얻을 수 있습니다.

자칫하면 우리는 어떤 한 가지 일을 성취했거나 바라는 바가 이루어지면 그것으로 행복하다고 생각하기 쉽습니다. 그러고 보면 연애에 성공하거나 시험에 합격하면 행복하다고 할 사람이 있을지도 모르겠습니다.

분명 그럴지도 모르겠습니다만 그 행복은 오래 이어지지 않습니다. 연애도 결혼도 성취한 순간이 정점이라는 사실은 누구나 인정하는 부분이죠. 마찬가지로 시험 또한 합격한 날이 제일 기쁩니다. 그 후로는 기쁨도 점점 풍화되어 갑니다.

인간에게는 욕구가 있기 때문에 이것은 어쩔 수 없는 일입니다. 그렇기 때문에 오히려 '그럭저럭 괜찮은 것'을 쌓아 가는 작전으로 전환해 보면 어떨까요.

HAPPINESS
05

건강이 복

진정한 행복이란 괴로움이 없는 상태다

———— 고통을 참고 견디는 일은, 쾌락을 삼가는 일 이상으로 힘들다.

《니코마코스 윤리학》

쾌락이 없는 것보다
고통을 참아야 하는 것이 더 힘들다

괴로움을 참고 견디는 것과 쾌락에 대한 욕구를 억누르는 것 중 어느 쪽이 힘들 것이라 생각합니까? 물론 정도에 따라 다르겠습니다만 같은 정도라고 가정해 주십시오. 아리스토텔레스의 답은 전자입니다. 사람은 욕망덩어리이기 때문에 쾌락을 억누르기란 쉽지 않습니다. 하지만 괴로움을 참고 견디는 일은 훨씬 더 힘들다는 것입니다.

원래 쾌락이란 인간에게 남아도는 것입니다. 그것이 없더라도 충분히 살아갈 수 있습니다. 예를 들면 맛있는 음식이나 안마가 그렇습니다. 한편 배고픔이나 병 등의 괴로움은 모자라는 것입니다. 본래 괴로움이 없는 것이 사는 데 전제를 이루고 있습니다.

그렇기 때문에 괴로움이 생기면 참으로 힘듭니다. 왜 나만 이런 꼴을 당해야 하냐고 고뇌합니다. 그런 의미에서 진정한 행복이란 쾌락에 몸을 맡기기보다는 괴로움이 없는 상태를 가리킬지도 모르겠습니다. "건강이 제일"이라는 말이 있습니다만 혹시 이런 경지를 말하는 것은 아닐까요.

HAPPINESS
06

일하는 즐거움

노동이 있기에 비로소 휴식이 빛난다

——— 행복이 놀이에 있다는 것은 있을 수 없는 일이다. 사실, 놀이가 궁극 목표라든지 우리는 놀이를 위해 평생 이런저런 번거로움과 고난을 참고 견딘다든지 하는 것은 우스꽝스럽다. (중략) 놀이는 휴식을 의미하는 것으로, 사람들이 휴식을 필요로 하는 것은 쉬지 않고 노동하기가 불가능하기 때문이다. 따라서 휴식이 목적은 아니다. 활동을 위해 휴식을 취하는 것이다.

《니코마코스 윤리학》

무언가 성취하는 것이 사는 보람 중 하나

아리스토텔레스는 놀이를 휴식으로 간주하여 노동과 비교합니다. 휴식과 노동 중 어느 쪽이 소중한가 묻는다면 노동이라고 할 것입니다. 그런데 우리는 곧잘 휴식 쪽에서 즐거움을 얻기가 쉽습니다. 사실 휴일이 기다려지지 않는 사람은 드물 것입니다.

그러나 휴식을 취하는 일이 행복이라고 한다면 본말이 전도된 느낌이 듭니다. 한번 상상해 보죠. 계속 쉬기만 하는 하루하루를. 그런 생활을 동경하는 사람이 있다면 그것은 필시 마음이 지친 증거입니다. 그렇다 해도 휴식이 계속 이어지면 분명 몸이 근질근질해질 것입니다.

사람이 사는 보람 중의 하나는 노동을 통해 무언가를 성취하는 일이라 생각합니다. 노동을 하고 난 후에는 충실감과 만족감이 기다리고 있습니다. 말하자면 노동이 있기에 비로소 휴식에 가치가 생겨난다는 것입니다. 아리스토텔레스가 말하는 것처럼 휴식은 어디까지나 일을 하기 위한 수단에 지나지 않습니다. 기계와 마찬가지로 인간도 마모되기도 하고 과열되기도 하기 때문입니다. 육체적으로도 정신적으로도 말이죠.

HAPPINESS
07

배우는 즐거움

배움 자체를 즐기면 행복이 온다

——————지성에 부합한 생활을 택한 사람들이 가장 즐겁게 산다.

《철학에 대한 권유》

지식을 자만하면 불행해진다

아리스토텔레스는 '만학의 아버지'로 불릴 정도로 모든 학문에 정통하였습니다. 인간이 갖는 지성에 중점을 두고 본인 스스로도 배움을 가장 큰 기쁨으로 삼았습니다. 그러지 않고서는 그렇게도 방대한 학문 체계를 구축할 수 없었을 것입니다.

그렇다고 해서 아리스토텔레스가 엘리트주의 냄새를 풍기는 일은 없습니다. 아마도 그것은 그가 배움을 진심으로 즐겼기 때문이라 생각합니다. 지성을 자랑하는 것이 아니라 지성을 몸에 익히는 과정을 중시했다는 의미입니다.

배웠다고 해서 "내가 더 현명하다, 모든 것을 잘 알고 있다"며 자만하는 사람은 도리어 불행하게 됩니다. 경쟁하면 반드시 승패가 따르기 마련입니다. 고생해서 공부했는데 패배감을 맛보다니, 손해라는 생각이 들지 않겠습니까?

하지만 배우는 것 자체를 즐기면 행복만이 있습니다. 왜냐하면 지식은 늘어나는 법은 있어도 줄어드는 법은 없기 때문입니다.

HAPPINESS
08

집단의 행복

서로 돕는 삶이 행복을 부른다

——— 완전하고도 자족적인 생활을 위해 가족이나 씨족이 선한 생활을 함께 할 때 비로소 폴리스가 존재한다. 따라서 폴리스의 목적은 선하게 사는 일이거니와 위의 여러 집단은 이 목적을 위해 존재한다. (중략) 폴리스적 공동체는 함께 살기 위해서가 아니라 훌륭한 행위를 위해 존재하지 않으면 안 된다.

《정치학》

욕심을 누르고
주변 사람에게 손을 내밀자

원문에 있는 폴리스란 고대 그리스의 도시국가로 수만 명의 시민이 이 안에서 공동생활을 영위했습니다. 거기에서는 농업을 위주로 한 자족적인 생활이 가능했다고 합니다. 아리스토텔레스는 이 점에 주목하여 자족적인 생활이 가능한 것은 아주 훌륭한 일이라 생각했습니다.

그저 공동생활을 하는 것만이 아니라 서로 돕고 다른 사람에게 폐를 끼치지 않고 사는 일이 중요합니다. 아리스토텔레스는 철학의 목적을 '선의 추구'에 두었습니다만 그 선하게 산다는 일이 바로 폴리스의 공동생활을 뜻합니다. 그곳에서 생활하는 사람들은 행복하다는 것입니다.

이에 비해 현대인은 자족적이기는커녕 자신들의 욕구를 채우기 위해 다른 지역이나 다른 나라의 자원을 착취하고 서로 돕는 일조차 하질 않습니다.

역으로 말하면 주변 사람을 돕는 것만으로도 사람은 행복해질 수 있는 것입니다. 지금 바로 시작해 보기 바랍니다.

HAPPINESS 09

토론의 즐거움

서로 이야기를 나눔으로써 행복을 얻을 수 있다

———우리는 최고선이 정치의 목적이라 말했으나, 정치라는 것은 시민들을 일정한 성질의 인간으로, 말하자면 선한 인간 또는 선한 것을 행해야 할 인간으로 만드는 것에 가장 큰 주안점을 두어야 하기 때문이다. 이리하여 우리는 소나 말, 그리고 그 외의 모든 동물이 결코 행복하다고 하지 않는 것이 타당하다. 이들 어떤 동물도 이러한 성질의 활동에 관여하기란 불가능하기 때문이다.

《니코마코스 윤리학》

머리를 맞대고 문제를 푸는 것도 최고의 선

정치에 의해 사람은 선한 인간이 됩니다. 더욱이 아리스토텔레스는 이것이야말로 행복이라고 합니다. 따라서 동물에게는 행복이 없다는 것입니다.

여기에는 정치의 목적이 최고선이라는 전제가 있습니다. 정치라는 것은 이해관계의 조정이기 때문에 토론에 참가하여 다 함께 문제를 해결함으로써 최고의 선을 실현할 수 있다고 할 수 있습니다. 그것이 행복을 가져오는 것은 당연한 일입니다.

동물에게는 안 된 말이지만 그들은 이러한 의미에서의 행복은 맛볼 수 없습니다. 인간중심주의가 좋다는 뜻은 아니지만 인간으로서 정치에 관계하는 기쁨을 인식하여야만 합니다.

이것은 각별히 좁은 의미의 정치에 한정된 이야기는 아닙니다. 다 함께 토론하여 문제를 해결한다고 하는 행위는 일상생활이나 전쟁터에서도 있음에 틀림없습니다. 아리스토텔레스의 이론에 따르면 그것에 적극적으로 관여함으로써 인간적으로 성장하고 행복을 얻을 수 있는 것입니다. 귀찮아 말고 토론에 참가하는 일이 중요합니다.

HAPPINESS
10

덕의 행복

덕이 있는 행동이 행복을 부른다

———— 탁월성(arete · 아레테)이, 혹은 어떤 탁월성이 바로 행복이라고 주장하는 사람들과 우리의 행복관은 일치한다. 탁월성에 기초한 활동은 탁월성에 속하는 것이기 때문이다.

《니코마코스 윤리학》

행복은 마음가짐에 따라 손에 넣을 수 있다

아리스토텔레스는 행복은 탁월성이라고 합니다. 그렇다면 탁월성이란 무엇인가? 한마디로 하면 그것은 '혼(psyche · 프시케)'이라 할 수 있습니다. 정신적인 태도와 유사한 것입니다.

혼에는 지성적 탁월성과 윤리적 탁월성 두 종류가 있습니다. 전자에는 지혜나 통찰력이, 후자에는 관용이나 절제가 속합니다. 지혜나 관용이라는 것은 덕의 종류이기 때문에 그런 의미에서 탁월성은 덕이라고도 바꿔 말할 수 있습니다. 결국 덕을 갖추고 있는 사람이 행복하다는 의미입니다.

따라서 원문 마지막의 "탁월성에 기초한 활동은 탁월성에 속한다"는 부분도 덕으로 바꿔 놓으면 이해하기 쉬울 것입니다. 덕에 기초한 행동은 유덕이기 때문에 말이죠.

이렇게 생각하면 행복해지는 것은 간단하다고 말할 수 있습니다. 나만 덕이 있는 행동을 한다면 그것으로 이루어질 수 있는 것입니다. 대부분의 일은 상대가 있기 때문에 상대가 하기 나름입니다만 행복만은 자신의 마음가짐에 따라 얻을 수 있는 것입니다.

HAPPINESS
11

감사받는 행복

선행으로 혼이 다듬어지고 행복이 찾아온다

———— 인간에게 선이란, 생애를 통한 혼의 가장 훌륭한 활동이다.

《니코마코스 윤리학》

다른 사람에게
"감사하다"는 말을 듣는 기쁨

아리스토텔레스 철학의 근본에는 '선의 추구'가 있습니다. 그것은 일생을 통한 혼의 최고 활동이며, 선을 지향함으로써 혼은 다듬어지고 최고의 것이 된다는 생각입니다. 선을 추구한 결과로 사람은 행복을 얻을 수 있다는 의미입니다.

우리는 좋은 일을 하면 실로 기분이 좋아지기 마련입니다. 행복은 마음이 만족하는지 아닌지의 문제이기 때문에 본인이 기분 좋아지면 그것이 행복입니다. 그렇다면 사람은 무엇을 하면 기쁨과 만족을 얻을 수 있을까요? 지금까지의 인생을 되돌아보시기 바랍니다. 저 같은 경우에는 다른 사람으로부터 감사하다는 말을 들었을 때입니다. 무언가 득을 보았을 때도 기쁘지만 감사하다는 소리를 들었을 때가 한층 더 기쁩니다.

그저 다른 사람에게 "감사하다"는 소리를 듣는 것만으로 만족할 수 있다니, 선행은 꽤나 기쁜 일이라고 생각하지 않습니까? 선행은 그만큼 존엄한 것이고 사람에게 행복을 주는 원천입니다. 우리가 이따금, 누가 보고 있지 않더라도 좋은 일을 하는 것은 그런 이유 때문입니다.

아리스토텔레스는 이런 사람 02

'만학의 아버지'로 불리는 이유

아리스토텔레스는 흔히 '만학의 아버지'로 불립니다.

그 이유는 그가 다룬 학문 영역이 윤리학, 자연학, 형이상학, 심리학, 정치학, 경제학, 국가제도사, 철학사, 생물학, 동물학, 식물학, 천문학, 기상학, 우주론, 기계학, 박물학, 골상학, 점성학, 색채학, 음성학 등 실로 다양한 분야에 걸쳐 있기 때문입니다.

더욱이 이들 대부분이 그에 의해 시작되었거나 새롭게 정리된 것입니다. 그런 의미에서 오늘날 우리가 배우는 학문 대부분의 기초를 그가 쌓아 올렸다고 해도 과언이 아닙니다.

이런 위업의 배경에는 그의 노력과 지혜 탐구에 대한 진지한 태도가 자리하고 있습니다. 예를 들면 아리스토텔레스는 아카데미아에 적을 두었을 때부터 학원에 소장된 모든 도서를 독파하여 엄청난 독서가로 평가를 받았습니다. 또한 독서뿐만이 아니라 자연과학 등에 대해서는 열심히 자료를 모아 그것을 자세히 관찰하고 정리하는 실천가이기도 했습니다.

"사람은 누구나 태어나면서 지(知)를 구한다"는 말대로 그 자신이 지를 사랑하고 지에 일생을 바친 인물이었습니다.

인간관계를 철학하다

"상대의 입장을 고려해 본다면?"

풍부한 인간관계를 구축하기 위한
아리스토텔레스의 조언이다.

RELATION
01

가족 질서

서로 존경하지 않는 가족만큼 나쁜 것은 없다

———— 아버지와 자식의 좋은 관계는 군주정치와 유사하다. 그 타락한 것이 전제정치이다. 남편과 아내의 좋은 관계는 귀족정치와 유사하다. 하지만 아내가 당연히 가져야 할 영향력을 부여해주지 않고 남편이 모든 일을 결정한다면 그것은 과두정치와 유사하게 된다. 형제간의 좋은 관계는 금권(金權)정치와 유사하다. 아무도 지배력을 갖지 않는 가정은 민주정치와 유사하게 된다.

《니코마코스 윤리학》

가족에게도
정치적 질서가 필요

아리스토텔레스는 가족 관계를 정치 체제에 비유하는 독특한 표현을 하고 있습니다. 부친이 위엄을 지닌 부자 관계를 군주정치에, 그것이 타락한 형태를 전제정치에 비유합니다. 또한 평등하고 대등하며 원만한 부부 관계를 귀족정치에, 그것의 실패를 과두정치에 비유하고 있습니다. 게다가 사이가 좋은 형제 관계는 금권정치, 아무도 지배력을 갖지 않는 가정은 민주정치라고 합니다.

여기에는 아리스토텔레스의 가족관과 정치관이 여실히 드러나 있습니다. 기본적으로 그는 빈틈없이 잘 짜인 인간관계의 질서를 평가합니다. 그것은 결코 절대적인 주종 관계를 의미하는 것이 아니라 오히려 서로에 대해 경의로써 따르는 관계입니다.

그리고 제일 좋지 않은 것이 아무도 통제되지 않는 관계입니다. 부모가 위엄이 없고 아무도 서로 존경하지 않는 가족이 그렇습니다. 민주주의를 좋다고 여기지 않는 것도 이런 두서없는 가족과 비교하고 있기 때문입니다. 가족만이 아니라 인간 집단에는 질서가 불가결한 것입니다.

RELATION
02

가족 서열

부모를 존경하고 형제는 대등하게 대하라

——————부친에게는 부친에 어울리는 존경이, 모친에게는 모친에 어울리는 존경이 따라야만 한다. 또한 연장자가 오면 '자리에서 일어난다'든지 '좋은 자리를 내준다'든지 하는 식으로 그들의 연령에 부합하는 존경을 표해야 한다. 친구 사이나 형제에 대해서도 '언사에 기탄이 없다'든지 '모든 것이 대등하다'든지 하는 관계여야 한다.

《니코마코스 윤리학》

가족 간에도 명확한 서열이 존재한다

아리스토텔레스는 부모와의 관계, 친구나 형제와의 관계에서의 이상적인 상태를 구별합니다. 부모에 대해서는 종(從)의 관계를 중시하여 경의를 표하라고 합니다. 반대로 친구나 형제에 대해서는 횡(橫)의 관계를 중시하여 대등해야 한다고 강조합니다. 우리는 가족은 모두 똑같다고 생각하기 쉽습니다만 거기에는 명확한 서열이 존재합니다.

얼핏 보기에 이런 생각은 유교의 부권(父權)주의로 보이지만 그렇지는 않습니다. 아리스토텔레스가 주장하고자 하는 것은 오히려 형제간의 대등성 쪽입니다. 마땅히 존경해야 할 존재인 부모는 직설적으로 말하거나 서로 동등하게 대해서는 안 되는, 형제와는 다른 존재라는 것입니다.

여기에는 아리스토텔레스의 기본 사상인 '공동체주의'를 엿볼 수 있습니다. 공동체에서는 대등하게 말을 하고 모든 것을 공동으로 행하는 것이 원칙입니다. 그렇게 해야 비로소 견고한 유대와 기반을 갖춘 공동체가 성립할 수 있기 때문입니다.

RELATION
03

부모의 보살핌

사랑으로 자식을 지키는 아버지는 존경받아야 한다

———본성적으로 부친은 자식을, 조상은 자손을, 군주는 백성을 보살피게끔 되어 있다. 이러한 사랑은 어디까지나 일방적인 우월에 근거를 두고 있음이 분명하다. 따라서 부모는 그에 상응한 존경도 받는 것이다.

《니코마코스 윤리학》

폭력적인 지배와
사랑에 의한 지배는 크게 다르다

아버지, 조상, 군주. 이 3자에게 공통된 것은 무엇일까요? 아리스토텔레스에 따르면 '사랑으로 지배하는 자'란 점입니다. 따라서 이 경우의 사랑은 일방적인 우월 위에 성립하는 것이라고 합니다.

이는 바꾸어 말하면 누군가를 지키는 사랑입니다. 지킨다는 행위는 강한 자가 약한 자를 보호하에 둔다는 말입니다. 여기에서 중요한 것은 어디까지나 사랑으로 보호하는 일입니다. 때로는 비호라는 명분하에 폭력적으로 지배하는 경우를 볼 수 있습니다. 체벌이나 학대는 그런 예라고 할 수 있습니다.

하지만 때로는 폭력적인 지배와 사랑에 의한 지배를 분간할 수 없게 되고 맙니다. 아버지가 죄를 지은 아들의 뺨을 때렸다고 가정합시다. 과연 이것은 폭력일까요, 사랑일까요? 이 물음에 아리스토텔레스는 이렇게 답할 것입니다. 아들이 부모를 존경하고 있다면 그것은 틀림없이 사랑이라고요. 사랑을 느끼지 못하면 단순한 학대인 것입니다.

RELATION
04

부모에 대한 감사

인생의 주역은 부모다

――――우리가 태양이나 빛을 볼 수 있게 해 준 사람들, 즉 아버지와 어머니는 선이 있게끔 하는 최대의 원인으로, 무엇보다도 존경하지 않으면 안 된다.

《철학에 대한 권유》

자신의 성과는 부모의 공로로 생각하자

아리스토텔레스에 따르면 '선'은 무엇보다도 중요하며 철학의 목적이라고 해도 과언은 아닙니다. 그리고 선의 최대 요인으로 부모의 존재를 듭니다. 그 이유는 우리가 태양이나 빛을 볼 수 있게끔 해 주었기 때문에, 말하자면 이 세상에 태어나 살도록 해 주었기 때문이라고 합니다.

철학이라고 하면 어렵게 들릴지도 모르겠습니다만 그 사명은 '선하게 사는 일'입니다. 우리의 인생은 선을 실현하기 위해 있다는 것이 아리스토텔레스의 근본적인 생각입니다. 그럼 만약 선을 실현하였을 때 최대의 주역은 누구일까요? 그것은 자신을 낳아 준 부모가 아닐까요. 부모가 없으면 이 세상에 존재하지 않았을 테니 말이죠. 그런 만큼 자신의 성과는 곧 부모의 공로이기도 한 것입니다.

아름다운 아침 해를 보면 앞으로는 부디 부모의 얼굴을 떠올리며 "감사합니다"라고 속삭여 보십시오. 이것이야말로 철학을 한다는 것과 다를 바가 없습니다.

RELATION
05

자식의 존재

부모는 본성적으로 자식을 위해 애쓴다

———인간이 가정을 꾸리는 것은 단지 생식을 목적으로 하는 것이 아니라 생활이 요구하는 만반의 것들을 목적으로 한다. (중략) 아이는 두 사람의 기반으로 생각할 수 있다. 자식이 없는 사람들이 일찍 헤어지기 쉬운 이유는 여기에 있다. 생각건대 자식은 둘 사이의 공동적인 선이거니와, 공동적인 것은 서로를 결합시키는 것이기 때문이다.

《니코마코스 윤리학》

2400년 전에도 자식은 부모 사이의 매개체였다

가정은 후손을 남기기 위한 것이 아니라 생활을 위한 장(場)입니다. 자식을 낳았다고 해서 가정의 역할은 끝나는 것이 아니라고 아리스토텔레스는 말합니다. 중요한 것은 오히려 그 이후입니다. 부모는 자식을 훌륭한 어른으로 키우기 위해 부양하지 않으면 안 됩니다.

그 과정에서 자식은 분명히 부부의 기반이 된다고 말합니다. 반대로, 아이가 없는 부부는 일찍 헤어질 것이라고도 하죠. 흔히 "자식 때문에 헤어지지도 못하고 산다"고 합니다만 고대 그리스 때부터 그랬다는 것을 알면 아마 놀랄 것입니다. '자식이 없으면 이혼하기 쉽다'는 생각도 2400년 전이나 지금이나 마찬가지. 시대를 뛰어넘는 이러한 진리 탐구에 철학의 묘미가 있습니다.

때로는 직설적인 표현을 쓰는 아리스토텔레스입니다만 자식이 선이라는 말에는 안심이 됩니다. 단순히 '부부 사이의 매개체'로서의 의미를 넘어 그들에게도 아이는 보물. 우리는 그런 자식을 위해 애써 일해야 하는 것입니다.

RELATION
06

친구의 의의

친구는 또 하나의 인생 반려이다

——————비록 그 어떤 좋은 것을 소유한 사람이더라도 '친애하는 사람들(philos · 필로스)'이 없는 삶을 택하지는 않을 것이다.

《니코마코스 윤리학》

인간은 친구와의 관계에 의해 인격을 형성한다

"친애하는 사람들이 없는 삶을 택하지는 않는다"는 것은 상당히 강한 어조의 표현입니다. 그만큼 아리스토텔레스는 인간관계를 중시했습니다.

우리는 분명 혼자서는 살아갈 수 없습니다. 우선은 가족, 이어서 친구 그리고 지역이나 직장 사람들의 뒷받침 덕에 살고 있습니다. 언뜻 보기에 가족이 제일 소중하게 여겨지지만, 가족은 당연히 있는 존재라고 해도 과언이 아닙니다. 이에 비해 친구는 당연히 있는 것이 아니고 손쉽게 만들 수도 없습니다. 그럼에도 불구하고 필요불가결한 존재인 것입니다.

우리는 친구를 만들고, 그 관계 속에서 인격을 형성하고, 다른 사람을 알고, 인생을 익혀왔을 것입니다. 때로는 싸워서 아픔을 나누고, 괴로움을 토로하여 서로 위로하기도 합니다. 이런 과정은 평생 계속됩니다. 그런 의미에서 친구는 또 하나의 인생의 반려라고 해도 과언은 아닙니다.

RELATION
07

친구를 만드는 조건

너그러움이 벗을 부른다

———— 선한 사람이야말로, 비로소 자기 자신에 대해서 친애하는 사람이 될 수 있어 다른 사람의 벗도 될 수 있다.

《니코마코스 윤리학》

선하지 않으면
누구와도 친구가 될 수 없다

친구를 만들기 위한 조건은 무엇일까요? 아리스토텔레스에 따르면 그것은 선한 사람이라고 합니다. 선한 사람이 아니면 누구와도 친구 관계는 될 수 없다고까지 하죠.

성격이 좋은 사람은 누구에게나 호감을 얻고 친구도 많은 것을 우리는 다들 알고 있습니다. 그런 사람은 다른 사람을 받아들이는 너그러움을 가지고 있습니다. 그렇기 때문에 누구와도 어울릴 수 있는 것입니다.

반대로, 자신의 의견을 고집하고 다른 사람을 인정하려 하지 않는 사람은 친구도 틀림없이 적습니다. 본디 사람이 친구를 찾게 되는 것은 누군가 자신을 떠받쳐 주기를 바라기 때문입니다. 고민을 상담하고 용기를 얻고 싶기 때문입니다.

그럴 때 자기 혼자만 생각하는 사람에게 상담하고 싶은 생각은 들지 않습니다. 그렇다고 해서 늘 유연한 성격을 가진 사람이 좋은가 하면 그렇지도 않습니다. 중요한 것은 상대 입장이 되어 생각할 수 있는 사람인가 아닌가입니다. 그렇기 때문에 가족처럼 꾸짖어 주는 친구는 둘도 없이 소중한 것입니다.

RELATION
08

친구의 역할

연령에 따라 친구의 역할은 달라진다

――――――― 친애하는 사람들은 젊은이에게는 과실을 방지하는 데에, 노인에게는 보살핌을 위해, 말하자면 쇠약해짐에 따른 행동력 부족을 보충하는 데에 도움이 된다. 장년인 사람들에게는 온갖 선행을 수행하는 데에 도움이 된다고 사람들은 여기고 있다.

《니코마코스 윤리학》

나이에 따라 교제 방법을 바꾸라

아리스토텔레스는 친한 친구의 역할을 이렇게 말합니다. 청년에게는 과실을 방지하기 위해, 노인에게는 보살핌을 위해, 장년 때는 아름다운 생에 도움이 되어야 한다고요.

분명히 친구의 역할은 연령에 따라 바뀌어 갑니다. 어릴 적엔 친구를 흉내내기도 합니다. 그래서 과오의 원인도 될 수 있고, 또한 그것을 방지하는 데에 도움이 되기도 합니다.

노인에게는, 물리적으로 도움을 준다기보다는 말벗이 되어 주기도 하고 넘쳐나는 시간을 함께 보내는 일에 도움이 될 것입니다. 가장 행동적이어야 할 장년 때는 좋은 상담 상대로서, 또는 좋은 파트너로서 도움이 되어야 한다는 것입니다.

이들 모든 역할을 겸비한 사람을 친구라고 부를지도 모르겠습니다. 나이와 더불어 교제하는 방법을 바꿔가는 일이 우정을 아름답게 유지하는 비결이라고 할 수 있습니다.

RELATION
09

우정의 목적

실리적 친구 관계는 오래가지 못 한다

——— 필요라는 점에서 말하면, 물론 친구를 간절히 원하는 경우는 역경일 때가 많다. 이 경우에는 유용한 사람들이 필요하기 때문이다. 그렇지만 참되다는 점에서 말하면, 순경(順境)일 때 친구를 찾는 쪽이 보다 낫다. 이 경우에 선한 사람이 요구된다. 아마도 선한 사람들에게 선을 베푼다든지 그들과 함께 보내는 쪽이 훨씬 더 마음에 들기 때문이다.

《니코마코스 윤리학》

잘 풀릴 때의 벗을 소중히 여겨라

친구를 찾게 되는 이유는 다양합니다만 그 중에서도 아리스토텔레스는 역경일 때의 친구와 일이 순조롭게 풀리고 있을 때의 친구를 대비합니다.

우선 사람은 역경일 때에는 친구를 이용하는 경향이 있다고 합니다. 곤란한 일이 있을 경우에만 연락을 해오는 친구는 분명 있는 법입니다. 그저 어떤 면에서 피차일반이 아니냐고 생각해서일 것입니다. 그렇지 않으면 친구 관계는 계속되지 못할 테니까요.

이에 비해 일이 잘 풀릴 때의 친구는 오히려 참되다고 할 수 있습니다. 실리적인 목적이 없이 단지 같이 있는 것만으로 즐거워서 어울리는 것이기 때문이죠. 따라서 그런 상대로는 선한 사람이 필요합니다.

싫어하는 사람과 같이 있어 봐야 하나도 즐겁지 않겠지요. 특정한 목적은 없더라도, 좋은 사람과 사귐으로써 우리들 인생은 보다 풍요로워지는 것입니다. 비슷한 사람끼리 어울린다는 '유유상종(類類相從)'이라는 격언대로 좋은 친구 덕에 우리는 인간적으로 성장하는 것입니다.

RELATION
10

친구의 고민 상담

공감이 친구의 괴로움을 덜어준다

———— 괴로워하는 사람들은, 친구가 고민을 함께 해줌으로써 괴로움이 줄어든다는 사실을 안다.

《니코마코스 윤리학》

문제를 해결해 주려기보다 상대에게 공감해주자

친구의 존재 의의로, 우리가 첫 번째로 꼽는 것은 '친구는 자신의 고민을 들어준다'는 점입니다. 아리스토텔레스가 지적하는 것도 이 부분입니다만, 주의가 필요한 것은 결코 '친구를 통해 고민을 해결하자'고는 생각하지 않는다는 것입니다.

우리가 친구에게 바라는 것은 어디까지나 '상담에 응해주는 일'입니다. 누군가가 자신의 이야기를 들어주는 것만으로도 속이 후련해지는 법이죠. 고민은 원래 그리 간단하게 해결되는 것은 아닙니다. 따라서 본인도 해결을 바라는 것은 아니라는 의미입니다.

다만 혼자서 문제를 끌어안는 일은 괴로운 법입니다. 그래서 친구에게 공감을 얻음으로써 마치 문제를 공유하고 있는 것 같은 상황을 만들어냅니다. 그럼으로써 괴로움은 반으로 줄어듭니다.

그 증거로 우리가 고민을 안고 있을 때 상담하는 상대는, 늘 자신에게 공감해 줄 것 같은 친구라는 점입니다. 반대로 누군가가 자신에게 고민을 상담해 왔을 때에도 우선은 공감해 주는 일이 중요합니다.

RELATION
11

일심동체인 친구

친구는 제2의 자신이다

——————선한 사람은 (중략) 친구 보기를 자기 자신을 보는 것처럼, 말하자면 친구를 '제2의 자신'이라 여기는 점에서 '사랑(philia · 필리아)'은 이상과 같은 태도의 일종이라 생각할 수 있다.

《니코마코스 윤리학》

친구의 고민을 자신의 일처럼 여기자

친구가 제2의 자신이라는 말은, 친구가 자신을 비추는 거울이라는 뜻 이외에 친구를 소중히 여겨야 한다는 것을 의미합니다. 따라서 원문에서 '사랑'이라고 말하고 있습니다.

친구가 특별한 것은 연인이 다른 이성과는 다른 특별한 존재라는 점과 마찬가지입니다. 서로 친구라고 부를 때, 우리는 상대를 존중하고 사랑하고 자신과 동일시하는 것입니다.

물론 정도의 차이는 있습니다. 이 사람 저 사람 상관없이 자신과 똑같다는 의미는 아니지만 친구가 된다면 하나라고 해도 좋을 것입니다. 다자이 오사무의 《달려라 메로스》에 나오는 메로스와 세리눈티우스의 관계는 그야말로 일심동체의 유대를 느끼게 하는 부분이 있습니다.

때때로 전우는 가족 이상의 존재라고 하는 경우가 있습니다만 그것도 일심동체인 우정 관계의 하나일지도 모르겠습니다. 그런 친구를 한 사람 정도는 가지고 싶겠지요. 친구가 고민을 하고 있을 때에는 자신의 일처럼 여겨 도움의 손길을 내밀기 바랍니다.

RELATION
12

친구의 수

진정 믿을 수 있는 친구는 하나로 충분하다

————자신의 생애에 비해 너무 많은 수의 친구는 불필요하고, 우리가 아름답게 살아가는 데 도리어 해가 된다. 쾌락을 목적으로 한 친구도 마찬가지로, 마치 음식물의 양념처럼 조금만 있으면 족하다. (중략) 그렇기 때문에 생각건대 사람은 무턱대고 친구가 많기를 바라지 말고 생을 함께 하는 데에 견딜 정도에 그치는 것이 좋다.

《니코마코스 윤리학》

친구가 너무 많은 것은
해가 될 수도

"초등학교 1학년이 되면 친구가 100명 생길지도 모르겠다." 이런 가사의 동요를 흥얼거려 온 저로서는 놀랄 일입니다만 아리스토텔레스는 "너무 많은 친구는 불필요하다"고 합니다. 그 뿐만 아니라 친구가 너무 많은 것은 오히려 해가 되기조차 한다고요.

아리스토텔레스는 친구 수는 삶을 함께 대처하기에 필요한 정도면 된다고 합니다. 고민이나 실패 등 고난이 많은 인생을 헤쳐나가기 위해서는 진정으로 의지가 되는 사람이 있으면 틀림없이 좋을 것입니다.

최근에는 트위터의 팔로어 수나 페이스북의 친구 수를 자랑하는 사람이 있습니다만 그들은 친구도 아무것도 아닙니다. 진정한 친구란 함께 고난을 극복해주는 사람입니다.

그런 친구가 주변에 몇 명 있는지 꼭 한번 세어 보십시오. 아마도 한 사람 있을까 말까 하지는 않나요. 하지만 그건 당연한 일입니다. SNS가 위세를 떨치는 요즘, 친구의 정의를 새로이 할 필요가 있다는 생각을 떨칠 수가 없습니다. 진정으로 신뢰할 수 있는 친구는 단 한 사람으로 충분합니다.

RELATION
13

사람과의 거리감

입장에 따라 상대방과의 접촉 방식을 바꿔라

———— 한쪽이 우월한 위치에 서는 사랑에서 요구되는 애정은, 결국 그에 따른 어떤 특별한 만족감을 필요로 한다. 즉 상대방보다 훨씬 뛰어난 사람은 자신이 상대방을 사랑하는 이상으로 사랑을 받는 것이 당연하고, 보다 많은 실리를 주는 위치에 있는 사람이라든지 그와 유사한 경우도 이와 비슷하다.

《니코마코스 윤리학》

상대와의 '거리'를 바르게 재면 인간관계의 분쟁이 줄어든다

아리스토텔레스는 어느 한쪽이 우위인 상하 관계가 있을 경우, 애정은 그것에 비례해야 한다고 합니다. 말하자면 상대방보다 뛰어난 사람은 좀 더 사랑을 받아야 마땅하다는 것입니다. 이것은 많은 실리를 제공하는 사람에게도 적용됩니다.

아리스토텔레스는 이것을 '균등성'이라 부르고 있습니다. 분명히 인간관계에는 일종의 균등성이 필요합니다. 이것은 대등성과 달리, '입장에 따른 접촉 방식'이라 해도 좋을 것입니다. 일본에서는 높임말이 있는 데다 선후배의 상하 관계도 분명하기 때문에 쉽게 실감할 수 있으리라 생각합니다. 다만 존경이라는 것은 반드시 일본 특유의 것은 아닙니다. 아리스토텔레스가 이미 지적하고 있을 정도로 고대 그리스 시대부터 있던 보편적인 태도이기 때문입니다.

여기서 주목할 것은 존경을, 입장과의 대응 관계로서 논하고 있는 점입니다. 이는 곧 어느 누구든 사람과의 거리를 바르게 잴 수 있다면, 인간관계로 인한 분쟁도 줄어들 수 있다는 뜻입니다.

알렉산더 대왕의 가정교사

아리스토텔레스는 동방 원정으로 대제국을 건설한 마케도니아의 왕 알렉산더의 가정교사로 일했습니다. 원래는 알렉산더의 부친 필리포스 2세의 초빙을 받은 것이 계기가 되었습니다. 당시 14세였던 알렉산더는 스승 아리스토텔레스에게 그리스의 교양을 비롯하여 많은 것을 배운 듯합니다.

그런 의미에서 알렉산더가 훗날 위업을 달성할 수 있었던 배경에는 아리스토텔레스 철학이 분명 있었을 것입니다. 실제로 아리스토텔레스는 원정 중인 알렉산더의 명을 받아 정치에 관한 책을 써서 보냈다고 합니다.

단, 이런 사제 관계 또한 플라톤과 아리스토텔레스처럼 반목으로 가득 찼던 모양입니다. 무엇보다 최대의 현자와 최대의 왕자가 의견을 교환하는 일이니까요. 그지없이 지(知)를 사랑하는 학자가 야심이 넘치는 젊은 왕자를 교육하는 것은 이만저만 어려운 일이 아니었을 것입니다.

평소 젊은 학생들과 접하는 교사인 저로서는 쉽게 상상이 가는 일입니다. 훗날, 저의 제자 중에서도 세계적인 지도자가 나와 준다면 좋겠습니다만….

일을
철학하다

"실천을 중심으로 생각해 본다면?"

아리스토텔레스는 일을 할 때 다른 사람과
차별화하기 위한 방안으로 권하고 있다.

WORK
01

일의 본질

일의 본질은 실천하지 않으면 알 수 없다

———— 실천이나 행위의 영역에서는, 각각의 사항을 그저 관조적으로 고찰하여 그것을 단순히 아는 일이 아니라, 오히려 그것들을 행하는 일이 궁극 목적이라고 할 수 있지는 않을까.

《니코마코스 윤리학》

3년간 꾸준히 한 뒤에야 비로소 일의 본질이 파악된다

아리스토텔레스는 일에 대해, 그것이 실천인 이상, 머릿속으로 사색하는 것만으로는 안 된다고 지적합니다. 여기에서는 '실천적 행위=행한다'와 '관조적 고찰=안다'가 비교 대조되고 있습니다.

고대 그리스에서는 기본적으로 관조적 행위를 훌륭한 것으로 예찬했습니다. 단, 일을 한다는 점에 한해서는 그것으로는 목적을 달성할 수 없다고 아리스토텔레스는 지적합니다.

일이 사색과 구별되는 것은, 그것이 어떤 형태의 실천을 요구하기 때문입니다. 말하자면 명상하는 것만으로는 일이 되지 않는다는 것입니다. 철학자 입장에서 명상은 일의 일부이지 전부는 아닙니다. 명상을 한 후, 그 결과를 말로 표현하는 실천이 요구되는 것입니다. 그렇게 함으로써 비로소 사물의 본질이 분명해집니다.

철학뿐만 아니라 일이란 것은 실제로 해 보고 비로소 그 본질을 이해할 수 있는 것입니다. 제 경험상 적어도 3년은 그 일에 관여하지 않으면 본질은 파악할 수 없으리라 생각합니다.

WORK
02

일에 대한 지식

지식이나 지혜가 기술 습득보다 낫다

——————경험가보다도 기술가 쪽이, 또한 장인보다도 명장 쪽이, 그리고 제작적(생산적)인 지(知)보다도 관조적(이론적)인 지(知) 쪽이 훨씬 더 많은 지혜가 있다.

《형이상학》

지식을 얻음으로써
일의 수준을 높일 수 있다

일에 있어서는 관조보다도 실천을 중시하는 아리스토텔레스입니다만, 지식이나 지혜에도 비중을 두고 있습니다.

경험가보다도 기술가 쪽이 지혜가 있다는 것은, 단순히 경험을 했을 뿐인 사람보다도 제대로 된 기술을 가진 사람 쪽이 지식을 갖추고 있다는 뜻일 것입니다.

장인보다도 명장 쪽이 지혜가 있다는 것도 마찬가지입니다. 장인은 명장의 지시에 따라 일을 하지만 그것은 명장 쪽이 풍부한 지식을 가지고 있기 때문입니다. 그리고 명장보다도, 다시 말하면 제작적인 지보다도 관조적인 지 쪽이 지혜가 있다는 것은 그야말로 지를 최상위의 것으로 삼는 증거입니다.

말하자면 아리스토텔레스는 이치를 다루는 쪽을 높이 평가하고 있습니다. 현실주의자인 그가 이렇게 생각한다고 해서 이것을 엘리트주의라고 일축할 수는 없습니다. 현대의 지식정보사회를 보면 알 수 있듯이 지가 세상을 지배하고 있음은 틀림없습니다.

WORK
03

일의 목적

긍지를 위해 일하라

———선한 사람이 친구나 조국을 위해 많은 일을 하고, 필요에 따라 그것들을 위해 생명도 버린다는 측면을 부정하는 것은 아니다. 사실, 그는 재화라든지 명예라든지 일반적으로 사람들이 탐내는 여러 선을 기꺼이 버린다. 다만 그럴 때 그는 행위의 고귀함을 늘 간직한다.

《니코마코스 윤리학》

손익 계산만 따져 일하는 사람은 출세하지 못한다

아리스토텔레스는 '선한 사람'을 이렇게 정의합니다. 사람과 국가 등에 공헌하기 위해 죽음도 마다하지 않는 사람, 부나 명예와 같은 보통 사람이 탐내는 것조차 추구하지 않는 사람이라고요.

그 대신에 선한 사람은 정신의 고결함을 추구한다고 합니다. 이기심보다도 이타심이 있는 사람 쪽이 훌륭하고, 부나 명예보다도 고결한 정신, 말하자면 긍지를 추구하는 사람은 훌륭하다고 생각합니다. 그것을 실현하기란 좀처럼 쉽지 않지만….

일도 마찬가지입니다. 자신의 출세나 처세만을 생각하는 사람은 신용할 수 없습니다. 그런 사람일수록 일은 이도 저도 아니게 됩니다. 진정으로 일을 잘 하는 사람은 자신의 긍지를 위해 일하고 있습니다.

그렇다면 긍지를 위해 일한다는 것이 무슨 의미일까요? 손익 계산으로 어떤 일을 판단하거나, 책임을 저버리거나, 실패를 숨기지 않는다는 뜻입니다. 이것은 현대사회의 직업윤리나 기술자 윤리에도 통용되는 중요한 교훈이라고 할 수 있습니다.

WORK
04

조직의 규칙

규칙을 어기거나 욕심을 부리지 말라

——— 부정직한 사람은 법을 지키지 않는 사람이라는 의미이기도 하고, 불공평하고 욕심에 가득 찬 사람, 다시 말하면 자신의 몫 이상을 차지하려는 사람을 가리키기도 한다.

《니코마코스 윤리학》

출세의 비결은 협조성

아리스토텔레스는 '부정직한 사람'을 이렇게 정의합니다. 법을 지키지 않고 불공평하고 욕심으로 가득 찬 사람. 간결하고도 심오한 말입니다.

아리스토텔레스는 공동체 폴리스를 최고의 터전으로 삼고, 그곳에서의 공동생활을 중시하고 있습니다. 따라서 그 공동체의 법을 준수하지 않는 등의 일은 언어도단인 것입니다. 이것은 현대사회에도 적용됩니다. 국가도 마찬가지입니다만 회사에서도 법이나 규칙을 지킬 수 없는 사람은 그 집단의 성원임을 거부당하고 맙니다.

또한 불공평하고 욕심으로 가득 찬 사람도, 위법까지는 아니더라도 조직을 혼란시킬 것이 분명합니다. 공동체에서는 누구나 서로 도울 필요가 있습니다. 그러기는커녕 다른 사람의 몫까지 차지하여 폐를 끼치는 등의 행위는 공동체 윤리가 손톱만큼도 없는 짓이라 할 수 있습니다. 회사로 말하면 다른 사람의 공로를 가로채는 행위가 그렇습니다.

우리가 살아가는 이상, 집단의 규칙을 따르고, 누구나 공평하게 대하고, 사리사욕에 매달리지 않고 협조성을 중시하는 일이 중요합니다.

WORK
05

일과 이성

이성을 그대로 따르지 말고, 사려분별과 협조하라

———— 훌륭한 성격은 그저 올바른 이성에 따르는 것이 아니라 그것과 협조하는 것이다. 이 경우의 올바른 이성이란 사려분별을 의미한다.

《니코마코스 윤리학》

일을 하는 데에는 훌륭한 성격이 필요하다

훌륭한 사람이란 이성에 따르는 것이 아니라, 이성과 협조하는 사람이라고 아리스토텔레스는 말합니다. 이것은 상당히 충격적인 표현입니다. 우리는 이성에 따라 살고자 노력합니다만 그렇게 해서는 안 된다니 말이죠.

본래 따른다는 것은 부정적인 행위입니다. 사실은 좀 더 적극적으로 이성적으로 살지 않으면 안 되는 것입니다. 그것이 협조한다는 의미일 것입니다.

게다가 이 경우의 이성이란 사려분별을 의미한다고 합니다. 사려분별과의 협조, 말하자면 깊게 생각하고 나서 어떤 일을 판단함으로써 사람은 훌륭한 성격을 획득한다는 뜻입니다.

업무 차원에서도 훌륭한 성격이 요구된다는 점은 두 말 할 나위도 없습니다. 그렇지 않으면 좋은 성과를 낼 수가 없습니다. 이성을 의무처럼 생각해서는 결코 안 됩니다. 그래서는 도리어 부조리나 스트레스의 원인이 될 뿐입니다.

WORK
06

일에 대한 자세

인간사에 '절대'란 없다

—————— 인간은 완전히 무(無)인 존재이며, 인간이 관여하는 사항에 확실한 것은 없다.

《철학에 대한 권유》

일에는 유연하게 대처하라

인간은 완전히 무(無)인 존재. 말하자면 무색투명한 존재로, 반드시 이러해야만 한다는 것은 없습니다. 따라서 아리스토텔레스는 인간이 관여하는 사항에 확실한 것은 없다고 말합니다. 일도 여기에서 말하는 '인간이 관여하는 사항'의 하나입니다.

우리는 아무튼 일을 절대시하기 쉽습니다. 게으름을 피워서는 안 되고, 필사적으로 하지 않으면 안 된다는 강박관념이 있습니다. 그 중에서도 일본 사람의 국민성은 성실하고, 또한 예전부터 멸사봉공의 경향이 있기 때문에 회사에 지나치게 몸을 바치는 경우가 있습니다. 또한 일에 너무 완벽을 추구하는 것도 문제로, 그것이 스트레스나 분쟁의 원인이 되고 있습니다.

하지만 아리스토텔레스가 말하듯이 인간과 관계된 사항에서 절대란 없습니다. 모든 것은 상대적인 것. 그렇게 생각하지 않는 한 우울증이나 자살도 사라지지 않을 것입니다. 좀 더 가벼운 마음으로, 또한 유연하게 일에 임해야 할 것입니다.

WORK
07

일의 필요성

그 일이 정말 필요한지 생각하라

——————오늘날 우리는 참으로 선한 일을 소홀히 하고, 일상에 필요한 일만을 계속하고 있다.

《철학에 대한 권유》

일에 쫓겨
중요한 것을 놓치고 있다

매일 "바쁘다 바빠"라고 투덜대며 일을 하고 있지는 않습니까? 모든 것이 너무나 중요해서 하나도 빠트릴 수 없다는 듯이 말이죠. 하지만 처음부터 살펴보면 '그다지 하지 않아도 될 일을 하고 있구나' 하는 생각이 들 경우가 있습니다.

어쩌면 우리가 하고 있는 일의 대부분은 그다지 하지 않아도 되는 것들일지도 모릅니다. 그 증거로 누군가 한 사람이 없게 되더라도 회사는 돌아갑니다. 저도 병으로 장기간 쉬었을 때 그 점을 깨닫고 깜짝 놀랐습니다. 제 자신의 존재 의의가 볼품없음을 깨달은 것입니다.

아리스토텔레스는 그 점을 지적하고 있습니다. 우리는 필요한 일을 합니다만 그것이 그야말로 정말 필요하고 중요한 일이라고는 단정할 수 없습니다. 정말로 중요한 일은, 일상에서 요구되는 일 속에 매몰시킨 채 뒤로 미루고 있는 것은 아닐까요? 부디 한번 멈춰 서서 정말로 중요한 일에 눈을 돌려 봐 주시기 바랍니다. 예를 들면 가족과의 시간, 소중히 하고 있습니까?

WORK 08

일에 대한 평가

불평을 두려워하는 사람은 현명하다

――――― 불평을 두려워하는 사람은 훌륭한 사람, 부끄러움을 아는 사람이고, 두려워하지 않는 사람은 철면피다.

《니코마코스 윤리학》

주위 평가를 업신여기면 실패의 빌미가 된다

일은 자기 혼자만으로 할 수 있는 것이 아닙니다. 대개는 조직이나 팀에서 하고, 고객도 있습니다. 비록 프리랜서라 하더라도 고객은 존재하기 마련입니다. 일을 같이 하는 동료나 고객으로부터 신뢰를 얻지 못하면 일은 성사되지 않습니다.

"저 사람은 일이 느리다, 무책임하다"는 말을 들으면, 일을 하기 힘들게 되고, 기분이 가라앉고 어느새 신용도 잃습니다.

그런데 개중에는 불평을 전혀 두려워하지 않는 뻔뻔한 사람이 있습니다. 제 멋대로 떠들어라 하는 식으로 말이죠. 아리스토텔레스는 이런 사람을 철면피라고 멸시합니다. 불평을 두려워하는 사람일수록 현명한 사람이라고 주장하는 것입니다.

지나치게 다른 사람의 평가만을 마음에 두어서도 큰일은 해낼 수 없습니다. 그러나 그것을 업신여기는 태도는 실패의 빌미가 됩니다. 불평을 두려워하는 것은 일에 대한 신중함으로 이어질 것입니다. 그리고 주의 깊게 하는 일이야말로 좋은 평가로 이어지는 것입니다.

WORK
09

일에 대한 책임

하고자 마음 먹었을 때부터 책임이 생긴다

———— 욕구에 따라 행동하는 것이야말로 행동의 전형적인 유형이다. 사람은 모두 나쁜 행위의 책임을 욕구 탓으로 돌리고 피하려 하지만 선한 행위의 책임은 아무도 피하려고 하지 않는다.

《니코마코스 윤리학》

아무리 힘든 일이라도 그 근본은 자신이 바랐던 것

아리스토텔레스는 욕구에 따라 행동하는 것이 전형적인 행동이라고 합니다. 그리고 욕구에 따라 행동한 이상 책임을 지지 않으면 안 된다고 덧붙입니다. 그렇지 않으면 나쁜 행위에 대해서는 모두 욕구 탓으로 돌립니다만 선한 행위에 대해서는 욕구 탓으로 돌리려 하지 않기 때문입니다.

하지만 생각해 보면, 우리 행동의 근저에는 늘 욕구가 있습니다. 따라서 행동의 책임은 욕구에 있게 됩니다. 그것은 어떤 행위를 했든 마찬가지입니다.

일도 자신의 행동에 기인하여 실패했을 때에는, 자신의 욕구가 그 원인이기 때문에 솔직하게 반성하지 않으면 안 됩니다. 이리저리 변명을 하거나 책임을 다른 사람에게 전가하고 싶어집니다만 결국은 자신이 원했던 행동인 것입니다.

결론적으로 말하면 그 직업에 종사한 시점에서 욕구가 있고 의지가 작용한 것입니다. 따라서 책임을 지고 일에 임하지 않으면 안 되는 것입니다.

WORK
10

전문가

사물의 본질을 꿰뚫어 보는 사람이 전문가다

———— 각각의 학문과 예술에 통달한 전문가(empeiroi · 엠페이로이)야말로 비로소 여러 작품을 올바르게 판단할 수 있고, 또한 그것이 무엇에 의해, 어떻게 해서 만들어졌는지, 그렇게 해서 어떤 성질의 것은 어떤 성질의 것과 조화하는지를 알고 있다. 하지만 비전문가는 작품의 좋고 나쁨에 대해 전혀 판단을 못하거나 기껏해야 무조건 제일 좋다고 하는 데 그친다.

《니코마코스 윤리학》

올바른 판단이 가능한지가 전문가와 비전문가의 차이

아리스토텔레스는 학문과 예술에 통달한 사람에 대해, 전문가이기 때문에 올바르게 작품을 판단할 수 있다고 합니다. 이에 비해 비전문가는 작품의 좋고 나쁨을 어느 정도 알게 되면 그것으로 만족한다고 지적합니다.

이 말은 모든 일에 적용되지는 않을까요. 전문가는 통달한 사람으로, 사물의 성질을 확실히 파악할 수가 있고 그 경험이 올바른 판단을 낳는 것입니다.

저의 경우, 전문가로서 어느 때나 철학적 토론을 훌륭하게 결말지을 수 있습니다. 시민과 철학적 대화를 나누는 '철학 카페'에서도 이런 말을 듣습니다. 이것은 늘 토론 동향에 주시하여 올바른 방향으로 이끌도록 노력하기 때문에 가능하다고 생각합니다.

말하자면 전문가와 비전문가의 차이는 올바른 판단이 가능한지에 달려 있습니다. 그것은 아리스토텔레스의 말처럼 사물의 성질에 대한 확실한 이해, 말하자면 사물의 본질을 파악할 수 있는가에 달려 있습니다.

WORK
11

천직

자신이 좋아하는 행동이 천직의 실마리이다

——— 훌륭한 성격은 인간의 행동과 정서에 관계하는 것으로, 모든 정서와 행동에는 좋고 싫음이 따른다. 따라서 훌륭한 성격은 그 사람이 무엇을 좋아하고 무엇을 싫어하는지에 달려 있다.

《니코마코스 윤리학》

적극적으로 하는 것이 일과 연결된다

아리스토텔레스는 훌륭한 성격의 근거로서 그 사람의 행동을 중시합니다. 그리고 행동의 배경에는 그 사람의 좋아함과 싫어함이 있다고 합니다. 말하자면 단순히 무엇을 하는가로 그 사람의 성격이 정해지는 것이 아니라 무엇을 좋아해서 하느냐에 따른다는 뜻입니다.

사람을 잘 관찰하면 무엇을 좋아해서 하는지 보이기 마련입니다. 마찬가지로 일을 하더라도 적극적으로 임할 때와 그렇지 않을 때가 있잖습니까.

말하자면 자신이 앞장서서 하는 것이 좋아하는 것이고, 그것이 그 사람의 성격을 규정한다고 할 수 있습니다. 예를 들면 섬세한 작업을 좋아하는 사람은 창조적인 성격이 된다는 식으로 말이죠.

아마도 그것은 유소년 때부터 변함이 없을 것입니다. 그런 의미에서 자신이 어떤 일에 끌리는지는 좋아하는 행동을 헤아려 보면 저절로 보이지 않을까요.

학원 리케이온과 소요학파

아리스토텔레스의 사상은 아카데미아 시대, 편력 시대, 거장 시대의 3기로 나눌 수 있습니다.

아카데미아 시대란 아리스토텔레스가 플라톤의 학원인 아카데미아에서 학문을 익히던 시절을 말합니다. 편력 시대란, 플라톤이 죽은 후 아카데미아를 떠난 아리스토텔레스가 소아시아의 소도시인 앗소스, 마케도니아의 수도인 페라 등 여러 곳을 편력하던 시대로 알렉산더의 가정교사로 있던 것도 이 무렵입니다.

그리고 마지막으로는 아테네로 돌아와 그곳에서 리케이온이라는 학원에 적을 두고 만년까지 강단에 섭니다. 이것이 거장 시대입니다. 리케이온은 공립 체육관과 같은 곳으로 아리스토텔레스가 창립한 것은 아닙니다. 그는 어디까지나 이곳에서 가르치고 연구할 따름이었습니다.

그런데 리케이온 안을 산책하면서 강의하는 독특한 모습으로 인해 아리스토텔레스와 그 제자들은 '소요학파(Peripatos·페리파토스)'라 불리게 되었습니다. 소요란 산책을 의미하는 말입니다. 지금도 걸으면서 토론을 하면 머리가 활성화된다고 합니다만 이것은 아리스토텔레스 이후의 전통인 것입니다.

선택을 철학하다

"자제심을 가지고 생각해 본다면?"

중대한 선택을 그르치지 않기 위해
아리스토텔레스가 하는 충고다.

CHOICE
01

선택 기준

보다 바람직한 것을 찾아라

──────어떠한 기술, 어떠한 연구(methodos · 메토도스), 또한 어떠한 실천이나 선택도 여기에서 말하는 일종의 선(agathon · 아가톤)을 희구한다고 할 수 있다.

《니코마코스 윤리학》

선택할 수 있는 삶이 행복하다

여러분은 어떤 것을 선택할 때 무엇을 기준으로 삼습니까? 아리스토텔레스는 그 근저에 '선(善)의 추구'가 있다고 합니다. 기술이나 행위도 그렇습니다. 기술의 대부분은 세상의 불편을 해소하고자 함에 틀림없습니다. 또는 인간의 행위는 보다 좋은 상태에 이르기 위해, 보다 좋은 것을 손에 넣기 위해서 합니다. 선택도 마찬가지입니다. 우리는 보다 좋은 상태나 어떤 것을 손에 넣기 위해 선택합니다.

셰익스피어의 《햄릿》에 나오는 명언 "죽느냐 사느냐, 그것이 문제로다" 정도로 심각하지는 않습니다만 우리 인생은 늘 선택에 직면합니다. 무수한 대상 중에서 하나를 택하지 않으면 살아갈 수 없습니다. 예를 들면 마음에 드는 이성이 몇이나 있더라도 마지막에는 한 사람을 택하지 않으면 안 됩니다.

그러고 보니 선택이 마치 고통스런 행위로 들릴 수도 있습니다만 저는 그렇게 생각하지 않습니다. 왜냐하면 선택이 전혀 없는 인생보다도 있는 쪽이 흥미롭다고 생각하지 않습니까? 자, 선택을 즐겨 봅시다!

CHOICE
02

선택 의도

올바른 의도를 가지고 선택하라

―――――사람은 의도적으로 행한 행위에 대해서는 칭찬 또는 비난을 받기 마련이고, 의도에 반해 행한 행위에 대해서는 용서 또는 동정을 받기 마련이다.

《니코마코스 윤리학》

의도가 올바르면
결과가 나빴더라도 질책 받지 않는다

선택에는 의도에 따라 행하는 것과 무작위로 하는 것이 있습니다. 의도에 따라 행하는 선택은 그것이 좋은 것일 때는 칭찬을 받고, 나쁜 것일 때는 비난을 받습니다. 이에 비해 무작위의 선택은 그것이 나쁜 결과를 초래했을 경우 용서를 받거나 동정을 받거나 둘 중의 하나가 됩니다. 이것이 아리스토텔레스의 주장입니다.

여기서 빠져 있는 것은 무작위의 선택에 의해 좋은 결과를 낳았을 경우입니다. 다만 이 경우에는 본인의 공로라고는 할 수 없기 때문에 칭찬받는 일은 없습니다.

따라서 이렇게 생각하면, 선택에 따라 초래한 결과보다도 의도가 얼마나 중요한가를 알 수 있습니다. 동기와 분리된 결과에는 아무런 의미도 없는 것입니다. 말하자면 올바른 의도를 가지고 선택하는 일이 중요합니다. 만약 그것이 올바른 것이라면, 결과야 어떻든 사람들이 여러분을 질책하는 일은 없을 것입니다.

CHOICE
03

선택의 폭

아무것도 하지 않는 것도 선택이다

―――― 행하는 것이 우리의 자유에 속하는 것과 마찬가지로 그것을 하지 않는 것 또한 우리의 자유에 속하고, 하지 않는 것이 우리에게 가능한 것과 마찬가지로 그것을 하는 것 또한 우리에게는 가능하다.

《니코마코스 윤리학》

선택의 폭을 넓히면 인생이 풍요로워진다

자유라는 말을 들었을 때 우리는 곧 뭔가를 하는 자유, 게다가 정의로운 일을 하는 자유를 떠올리기 쉽습니다. 그런데 아리스토텔레스는 아무것도 하지 않는 자유, 또는 부정한 일을 하는 자유도 있다고 지적합니다.

분명히 맞는 말입니다. 그런데 우리는 왜 평소에 그것을 잊고만 것일까요. 아마도 강박관념과 같은 것이 있어서라고 생각합니다. 뭔가를 하지 않으면, 성실히 살지 않으면 안 된다는 식으로 말이죠. 하지만 그렇지는 않습니다. 아무것도 하지 않는다, 또는 부정한 일을 한다는 선택도 가능한 것입니다.

다만 그것을 택할 것인지는 별개의 이야기입니다. 여기에서 알아야 할 것은 그런 선택지가 있다는 사실입니다. 그렇게 생각하지 않으면 인간의 본질을 간과할 뿐만 아니라 무엇보다도 사는 것이 고달파질 것입니다. 인간에게는 다양한 가능성이 있어, 선택의 폭을 넓힘으로써 인생이 풍요로워지는 것입니다.

CHOICE
04

선택지의 실현성

선택지는 실현 가능한 것이어야만 한다

――――― 선택은 불가능한 사항에는 관여하지 않는 것으로, 만약 불가능한 사항을 선택하겠다는 사람이 있으면 바보라고 할 수 있다.

《니코마코스 윤리학》

실현 불가능한 선택은 두고두고 자신을 괴롭힐 뿐

선택이란 실현 가능한 사항을 고르는 행위입니다. 말하자면 그 대상이 되는 사항이 여럿이지 않으면 안 됩니다. 아리스토텔레스도 그렇게 지적합니다만 우리는 이 점을 좀처럼 깨닫지 못합니다.

예를 들면 인생 설계를 할 때, 검소하게 살 것인지 노력도 하지 않고 억만장자가 될 것인지를 택하는 일은 현실적으로는 있을 수 없습니다. 무엇이 문제인가 하면, 노력도 하지 않고 억만장자가 된다는 실현 불가능한 선택을 했을 경우 자신이 괴롭게 되기 때문입니다.

그래도 우리가 실현성이 낮은 목표를 설정하는 것은 거기에 소망이 들어 있기 때문일 것입니다. 아리스토텔레스는 순수한 현실주의자이기 때문에, 벽에 부딪쳐 자멸하기 전에 좀 더 현실적인 선택지를 설정하라고 호소하는 것입니다.

선택이란 사물을 유심히 음미하는 행위입니다. 어느 쪽을 택할 것인지를 깊게 고민할 정도의 가치가 있는 것이 아니면, 고민하는 만큼 시간을 허비할 뿐입니다.

CHOICE
05

목표와 수단

올바른 목표와 수단을 선택하라

———— 우리는 덕에 의해 목표를 알고, 사려분별에 의해 올바른 수단을 안다.

《니코마코스 윤리학》

목표가 불확실하면 선택이 불가능하다

뭔가를 선택하는 이상, 거기에는 목표와 수단이 있습니다. 예를 들어 미래에 야구선수가 되고자 택했을 경우 그것은 프로라는 목표와, 아주 열심히 연습한다는 수단이 있어 비로소 성립합니다.

이에 대해 아리스토텔레스는 목표를 정하는 데에는 우선 '덕'이 필요하다고 합니다. 덕이란 인간이 갖는 성질이나 능력에, 사회성이나 도덕성이 갖춰진 것입니다. 이러한 덕이 없다면 적절한 목표를 설정할 수 없습니다. 목표가 불명확하다면 선택할 방법이 없습니다. 의외로 많은 사람들이 여기서 좌절하고 맙니다. 선택이 불가능한 것은 목표가 확실히 서 있지 않기 때문입니다.

다음으로, 아무리 목표가 명확하더라도 올바른 수단을 택하지 않으면 거기에 도달할 수가 없습니다. 거기까지 포함하여 선택인 것입니다.

글 첫머리의 예는 명쾌하지만 우리가 일상에서 행하는 선택에서 수단이 잘못된 경우는 의외로 많습니다. 올바른 수단을 취하고 있는지 꼭 다시 돌아보기 바랍니다.

CHOICE
06

선택 과정

냉정한 정신 상태로 선택하라

———— 격분에 기초한 선택이야말로 가장 부적합한 행위라고 할 수 있다.

《니코마코스 윤리학》

화난 상태에서 선택하는 것은 자살행위와 같다

아리스토텔레스는 격분, 말하자면 화가 머리끝까지 치민 상태에서의 선택은 최악이라고 합니다. 자포자기라고도 합니다만 그야말로 자살행위입니다. 이성적으로 깊이 생각한 선택과 완전히 정반대에 있는 것입니다. 깊이 생각한 끝에 선택한 것이 왜 훌륭한가 하면 모든 가능성을 음미하고 있기 때문입니다. 따라서 잘못될 확률이 줄어드는 것입니다.

이에 비해 화가 치민 상태에서 한 선택은 아무것도 생각하고 있지 않습니다. 앞뒤도 돌아보지 않고 곧바로 자기도피로서 선택하고 있기 때문에 벼랑에서 뛰어내리는 것과 마찬가지입니다. 하지만 홀가분해지는 것은 일순간일 뿐, 그 다음은 지옥입니다.

사고(思考)가 없는 선택은 이미 선택이라고 부를 수도 없습니다. 그런 선택이라면 하지 않는 쪽이 낫습니다. 따라서 격분에 기초한 선택은 최악인 것입니다.

물론 깊이 생각한 끝에 내린 선택도 틀리는 경우는 있습니다. 다만 그 결과에는 충분히 납득할 수 있을 것입니다. 결과보다도 선택의 과정이 중요합니다. 차분한 마음으로 곰곰이 생각해 본 후 선택합시다.

CHOICE
07

자제심

욕망이 시키는 대로 하는 행위엔 위험이 따른다

──────자제심이 없는 사람은 욕망이 가는 대로 행동하고 선택에 따라 행동하지 않는다. 반면, 자제심이 있는 사람은 선택에 따라 행동하고 욕망에 따라서는 행동하지 않는다.

《니코마코스 윤리학》

자제심을 발휘해야
올바른 선택이 가능하다

욕망과 선택. 이 둘은 인간이 행동하는 데에 계기가 되는 것입니다. 욕망대로 행할 것인가, 선택한 뒤에 행할 것인가. 아리스토텔레스에 따르면 전자는 자제심이 없는 사람, 후자는 자제심이 있는 사람입니다.

욕망은 분명 우리를 늘 유혹합니다. 하지만 욕망대로 하는 행위는 그 대부분이 위험을 동반합니다. 한편, 왜 선택을 해야만 하는가 하면 거기엔 깊은 사려가 있어서 당연히 위험을 줄일 수 있기 때문입니다.

깊이 생각하여 욕망을 억누를 수 있는 것은 자제심이 발휘되기 때문입니다. 우리는 좋아하는 것을 손에 넣을 때에 자제심을 잃기 쉽습니다. 음식을 비롯하여 지위나 명예까지. 하지만 그럴 때일수록 자제심을 발휘할 필요가 있습니다.

욕망이 시키는 대로 달리는 것은 젊은이의 특징이자 특권입니다. 그런 가운데 실패를 거듭한 뒤에야 자제심을 기르고, 마침내 올바른 선택이 가능한 인간이 되는 것입니다.

CHOICE
08

의지 박약

감정에 따른 선택은 후회를 낳는다

———— 의지가 약한 사람은 좋지 않음을 알면서도 감정 탓에 그것을 행한다.

《니코마코스 윤리학》

의지박약을 극복해야 인간적으로 성장한다

의지가 약한 사람이 잘못된 선택을 하는 것은 왜일까요? 아리스토텔레스의 말에 따르면 판단을 감정에 맡기기 때문입니다. 의지가 약한 탓에 감정을 제어할 수 없다는 뜻일 것입니다. 예를 들면 나쁘다고 알면서도 화가 치밀어서 때립니다. 폭력은 나쁘다고 알면서도, 의지가 약한 사람은 분노를 제어하지 못하고 행위로 이어지고 마는 것입니다.

하지만 이래서는 동물과 다를 바 없습니다. 의지가 약한 사람은 지극히 동물에 가까울지도 모릅니다. 덧붙이면 동물은 의지가 약한 것이 아니라 의지가 없습니다. 감정대로, 본능대로 행동하는 것입니다.

다만 나쁘다고 알면서도 행위로 옮기고 마는 사람은 아직 인간일 여지가 남아 있습니다. 이 여지 덕에 적어도 후회하는 일은 가능합니다. 그리고 그 후회야말로 다음에 선택을 할 때 의지를 강하게 하는 일로 이어질 수 있습니다. 이렇게 하여 의지박약을 극복함으로써 우리는 인간적으로 성장해 가는 것입니다.

CHOICE
09

선택 오류

선택을 거듭 그르치면 악인이 된다

———— 나쁜 사람은 무엇을 해야 할지, 무엇을 하지 말아야 할지를 모르는 사람으로, 이러한 오류 탓에 바르지 못한 사람이 된다.

《니코마코스 윤리학》

해야 할 일과
해서는 안 될 일을 파악하자

나쁜 사람은 왜 나쁜 사람이 되고 말았을까. 아리스토텔레스는 재미있는 답을 이끌어 냅니다. 그것은 무엇을 해야 하고 무엇을 하지 말아야 할지를 몰랐기 때문이라고요. 요컨대 선택 오류가 그 사람을 악인으로 만들고 만다는 뜻입니다.

이것은 자신의 인생을 되돌아보면 잘 알 수 있으리라 생각합니다. "그때 그런 선택을 했기 때문에 지금 이렇게 되고 말았다"는, 마치 교도소의 수형자가 중얼거리는 듯한 후회의 말입니다.

결국 모든 것은 선택의 문제입니다. 실패는 '선택 오류'라고 해도 좋을 것입니다. 속이지 말아야 하는데 속였다, 훔치지 말아야 하는데 훔쳤다, 때리지 말아야 하는데 때렸다는 식으로…. 선택 착오의 연속이 악인을 만들어 내는 것입니다.

역으로 말하면, 올바른 선택을 하면 악인이 되지 않고 넘어가는 것입니다. 그것이 어렵다는 사람이 있을지도 모르겠습니다만 의외로 간단합니다. 하면 안 되는 일의 반대를 하면 되니까 말이죠.

CHOICE
10

판단력

올바른 판단력은 교육에 의해 길러진다

———— 교육을 받은 사람은 교육 받은 각각의 사항에 대해, 또한 모든 것에 걸쳐 교육을 받은 사람은 그 모든 것에 대해 훌륭한 판단자이다.

《니코마코스 윤리학》

지식이나 경험을 기반으로 논리적으로 사고하고 판단하자!

사람이 사물을 올바르게 판단할 수 있게 되는 것은 무엇 때문이라고 생각하십니까? 그것은 교육을 받았기 때문이라고 아리스토텔레스는 말합니다. 어떤 사항에 대해 교육을 받으면 그 사항에 대해 선택할 수 있게 되고, 모든 사항에 대해 교육을 받으면 모든 것을 올바르게 판단할 수 있게 된다는 것입니다.

분명 우리는 교육을 받기 이전에는 무지 상태입니다. 물론 무지일지라도 사물을 판단합니다. 하지만 그것은 어디까지나 직감적·본능적인 판단으로, 결코 현명한 판단이라고는 할 수 없습니다. 역시 선택에는 지식이나 경험에 기초한 근거가 필요하고, 그것을 가능하게 해 주는 것이 교육입니다.

지식을 기반으로 근거를 음미하고, 논리적으로 사고하고 판단을 내립니다. 이것이 올바른 선택의 방법입니다. 단지 학력이 높으면 좋다는 문제는 아닙니다. 제대로 판단하기 위한 지식과 사고력이 몸에 배어 있는가가 가장 중요한 것입니다.

CHOICE
11

선택의 정당성

정의란 공정한 배분을 뜻한다

———— 정의란, 자신의 선택에 따라 옳은 것을 행하는 사람이 올바른 사람이라고 말할 수 있는 근거를 말한다. 또 무언가를 분배할 때 좋은 것은 자신이 많이 갖고 타인에겐 적게 주거나, 유해한 것일 경우 그와 반대로 나누는 일 없이 비율을 따져 평등하게 분배하고, 타인끼리 나눌 때에도 같은 방식으로 분배하는 사람이 올바른 사람이라고 말할 수 있는 근거를 말한다.

《니코마코스 윤리학》

모두가 납득하는 선택을 하지 않으면 안 된다

여기에서는 정의의 의미가 설명되어 있습니다. 아리스토텔레스가 말하는 정의란 '공정한 배분'을 의미합니다. 좋은 것은 자신에게 적게, 다른 사람에게는 많이 배분하는 것입니다. 또 좋지 않은 것은 자신에게 많이, 다른 사람에게는 적게 배분하는 것이 정의라고 합니다. 확실히 우리는 배분이 불공평하면 정의롭지 못하다고 느낍니다.

그리고 가장 중요한 것은 공정한 배분이 자신의 선택에 의해 이루어지는 점입니다. 누군가가 배분을 하지 않으면 안 됩니다만 누구에게 얼마만큼 배분을 하면 좋을지 하는 중대한 선택을 요하게 됩니다. 따라서 모두가 납득할 수 있게 배분을 하지 못하는 사람은 올바른 선택을 하지 않았다는 이유로 비난을 받습니다.

정의는 선택에 달려 있는 것입니다. 정치가를 보면 확실히 알 수 있습니다. 아무리 정의를 내세우더라도 그것이 올바른 선택이 아니면 그 자리에서 "안 돼"라는 소리를 듣게 됩니다.

CHOICE
12

올바른 선택

올바른 선택이 훌륭한 성격을 만든다

———— 성격적 덕(정의·용기·절제 등)은 선택과 관련된 영혼의 상태로, 그 상태는 우리와의 관계에 있어서 중(中)에 속하는 것이다. 또한 이 중은 이성적 사고에 의해 규정된 것, 즉 사려 있는 사람이 무언가를 규정할 때 쓸 법한 마음가짐이다.

《니코마코스 윤리학》

성과나 보수, 자신감은 올바른 선택에 의해 얻어진다

훌륭한 성격은 선택에 의해 형성된다고 아리스토텔레스는 주장합니다. 게다가 그 경우의 선택은 '중(中)'으로 해야만 한다고 합니다. 중이란 한가운데를 이르는 말. 단 기계적으로 계산하여 산출되는 한가운데가 아니라 사려있는 사람에 의해 규정되는 것입니다.

예를 들면 조금도 걷지 않는 것은 건강에 좋지 않지만 마라톤처럼 40km나 걷는 것은 비현실적입니다. 이 경우 단순히 0과 40의 한가운데인 20km가 적절하다고는 할 수 없을 것입니다. 사람에 따라 다르겠지만 기껏해야 수 킬로미터가 적당할 것입니다. 그것을 사려로 확실히 도출할 수 있는 사람이 올바른 선택을 하는 사람입니다. 그리고 그런 반복이 훌륭한 성격을 만듭니다.

올바른 선택을 하면 당연히 올바른 방향으로 일이 이어집니다. 그렇게 함으로써 성과나 보수가 주어지고, 자신감으로 이어지고, 경험으로 축적되어 갑니다. 말하자면 훌륭한 사람이기 때문에 올바른 선택을 하는 것이 아니라 올바른 선택을 하기 때문에 훌륭한 사람이 되는 것입니다.

CHOICE
13

진리의 선택

주위의 잡음에 흔들리지 말고 선택하라

———— 진리를 확립하기 위해서는 친근감도 전적으로 없애는 것이 오히려 좋고, 그것이 우리의 의무이기도 하다고 할 수 있다.

《니코마코스 윤리학》

단 하나의 진리를 택하기 위해서는 망설이지 말 것

진리를 택하는 일은 아주 순수하고도 엄한 것입니다. 아리스토텔레스가 지적하고 있는 것처럼, 때로 그것은 친한 사람의 주장이라도 버리는 선택을 해야만 하기 때문입니다. 예를 들면 부모에게 "그 일이 너한테 맞다"는 소리를 듣더라도 스스로 음미할 필요가 있습니다.

인생에는 다양한 선택이 있습니다만 진리를 택하는 행위는 약간 특수하다고 할 수 있습니다. 왜냐하면 사실상 선택의 여지가 없기 때문입니다. 진리를 택하는 시점에서 이미 그것 이외의 것을 택할 수 없는 것입니다.

사물의 진리는 단 하나입니다. 그것을 간파한 사람만이 득을 보고 성공합니다. 그리고 보다 선하게 살 수 있습니다.

장래의 직업 선택만이 아니라 결혼 상대에서 자녀 교육 방침에 이르기까지 주변 사람들은 다양한 의견을 말하기 마련입니다. 하지만 그것에 흔들림 없이 단 하나의 진리를 추구하는 것이 중요합니다.

아들 이름을 딴 책《니코마코스 윤리학》

아리스토텔레스라는 위대한 철학자를 길러낸 가족은 대체 어떤 인물이었을까요?

아버지의 이름은 니코마코스로, 의사였다고 합니다. 그것도 왕의 시의였다고 하니 아리스토텔레스가 부유한 가정의 출신이었음을 알 수 있습니다.

그런데 양친은 일찍 돌아가시고 맙니다. 그래서 아리스토텔레스는 친척 집에 맡겨져 프록세노스라는 후견인의 교육을 받습니다. 그 후, 17세의 나이에 아테네로 가서 플라톤의 아카데미아에 입학합니다.

아리스토텔레스가 결혼한 것은 편력 시대의 일입니다. 한동안 체재한 앗소스의 지배자의 여동생과 결혼하였습니다. 그리고 나중에 헤르필리스라는 여성과 재혼해서 얻은 아들은 아버지 이름을 따서 니코마코스라 하였습니다. 그 이름이 아리스토텔레스의 대표적 저작인《니코마코스 윤리학》의 제목이 되었습니다.

한편 학원 리케이온에서 많은 제자들과 보낸 아리스토텔레스에게는 그들도 또한 가족과 마찬가지인 존재였다고 할 수 있지 않을까요.

인생을 철학하다

"지성을 써서 생각해 본다면?"

아리스토텔레스가 인생을 즐기기 위한
방법으로 제시하는 말입니다.

LIFE
01

성공의 열쇠

분수를 지켜야 성공한다

——————공포, 자신감, 욕망, 분노, 동정 등등 쾌 불쾌는 너무 지나치게 느끼는 경우도 있고 너무 느끼지 않는 경우도 있는데 둘 다 좋지 않다. 이들 쾌 불쾌를 적절한 때에, 적절한 사물에 대해, 적절한 사람들을 향해, 적절한 동기에 따라, 적절한 방법으로 느끼는 것이 중용인 동시에 최고의 선이며, 이것을 미덕이라고 한다.

《니코마코스 윤리학》

모든 욕망을 절제하는 것이 중요

아리스토텔레스의 저서인 《니코마코스 윤리학》에서 가장 중요한 부분을 들라고 하면 저는 주저 없이 이 부분을 택합니다. 이 부분이야말로 아리스토텔레스 철학의 핵심을 이루는 '중용의 덕'을 말하고 있기 때문입니다. 중용이란 쾌 불쾌에 대한 적절성을 가리키고 있습니다. '분수'라고 해도 좋을 것입니다.

인간의 감정은 자칫 극단적으로 되기 쉽습니다. 감정을 억누르지 못하기도 하고, 욕심을 지나치게 부리기도 하고. 그것이 원인이 되어 실패를 하는 경우도 있습니다.

특히 욕심은 물욕, 식욕, 금전욕 등 끝이 없습니다. 만약 그것들을 순조롭게 제어할 수 있다면 얼마나 좋을까요. 아마도 인생이 훨씬 더 잘 풀리지 않을까요? 바로 이런 이유 때문에 중용이 중요한 것입니다. '분수'에 맞게 바라고 '분수'에 맞게 행동하는 것은 인생에서 성공하기 위한 조건이라 해도 과언이 아닙니다.

LIFE
02

인생의 평가

인생의 성패는 전체적으로 판단하라

———— 인생 전체를 보지 않으면 그것이 살아갈 가치가 있는지 어떤지를 완전히는 판단할 수 없다.

《니코마코스 윤리학》

인생이 다소 꼬여도 아직은 괜찮다

멋진 인생에 대해 생각해 봅시다. 예를 들면 가장 사랑하는 사람과 다시 만난 인생? 아니면 일에서 큰 성공을 한 인생? 아리스토텔레스는 "인생을 전체로 봐야 알 수 있다"고 답합니다.

분명 한때 좋은 일이 있었더라도 뒤가 나쁘면 멋진 인생이라고는 할 수 없겠죠. 사람은 추억만으로는 살 수 없는 존재입니다. 따라서 변함없이 행운이 찾아오는 것이 제일 좋겠지요. 점수로 말하자면 100점은 받을 수 없지만 늘 60점이나 70점인 인생이면 어떻습니까? 아리스토텔레스는 '중용=분수'의 의의를 말하는 철학자입니다. 그렇게 생각하면 늘 60점인 인생도 반드시 나쁜 것은 아닐지도 모릅니다.

혹은 전체를 보고 평가한다는 것은 의외로 마지막이 중요함을 뜻할지도 모릅니다. 싫은 일이 계속되어 고민 끝에 죽는 것보다도 최후에 웃으며 죽는다면 좋겠지요. "끝이 좋으면 모든 것이 좋다"고 합니다만 인생이 다소 꼬이더라도 아직은 괜찮습니다.

LIFE
03

진실된 사람

있는 그대로의 자신을 인정하라

———— 있는 그대로의 사람, 말하자면 생활에 있어서도 말에 있어서도 자기에게 딸려 있는 부분을 자신의 것으로 인정하기를 꺼리지 않는 '진실된 사람(alethes·알레테스)'. (중략) **이런 사람은 칭찬을 받아 마땅한 사람이다.**

《니코마코스 윤리학》

진실은 그 자체만으로도 훌륭하다

자신이 어떤 사람이냐고 누가 묻는다면 좀처럼 답하기가 쉽지 않습니다. 무심결에 허세를 부리기도 하고 과장해서 말하는 경우도 있습니다만, 이는 아마도 자신감이 없는 증거일 것입니다.

자신에 대해 자신이 있는 사람은 감추지 않고 있는 그대로의 자신을 속속들이 드러냅니다. 아리스토텔레스는 그런 사람을 '진실된 사람'이라 칭찬합니다.

그런 인간이 되기 위해서는 우선은 있는 그대로의 자신의 모습을 알 필요가 있습니다. 그런 다음 그것을 받아들이지 않으면 안 됩니다. 이렇게 해서 비로소 '진실된 사람'에 다가갈 수 있습니다.

그렇다면 왜 있는 그대로의 모습을 인정하면 칭찬을 받을까요? 그것은 진실을 말하고 있기 때문일 것입니다. 진실은 그 자체만으로 훌륭한 것으로, 인생은 진실이어야 비로소 선한 것이 됩니다. 아리스토텔레스는 이렇게 말하고 있음에 틀림없습니다.

LIFE
04

미
덕

미덕은 실천으로만 익힐 수 있다

———— 윤리적 탁월성 내지 덕은 본성적으로 생겨날 리도 없고, 그렇다고 해서 본성을 등지고 생기는 것도 아니다. 오히려 우리는 본성적으로 이들 탁월성(arete · 아레테)을 받아들여야 하는 존재로, 보통 습관들이기(ethos · 에토스)에 따라 비로소 이러한 우리가 완성되기에 이르는 것이다.

《니코마코스 윤리학》

'훌륭함'의 진정한 의미는 사전으로는 알 수 없다

인생은 배움의 과정이라고 할 수 있습니다. 아리스토텔레스는 배움의 대상을 훌륭한 지성과 성격으로 나눕니다. 하지만 이 둘은 동일한 방법으로 몸에 익힐 수 있는 것은 아닙니다. 여기가 핵심입니다.

훌륭한 지성은 교육으로 습득할 수 있는 데 반해 훌륭한 성격은 훈련으로 습득하지 않으면 안 된다고 합니다. 확실히 지성은 지식으로 대표되듯이, 머리를 써서 배우면 익혀지는 것입니다. 따라서 교육 기관에서 가르치는 것이 가능합니다.

하지만 미덕은 머리로 배울 수 있는 것이 아닙니다. 아리스토텔레스는 "습관들이기로 완성된다"고 표현합니다만 결국은 몸으로 배우는 것이라고 해도 좋을 것입니다.

그렇기 때문에 훈련이 필요한 것입니다. 다른 말로 하면, 실천이 요구됩니다. 예를 들면 '훌륭함'의 의미는 아무리 사전을 뒤지더라도 이해할 수 없습니다. 그보다는 자신이 곤경에 처해 있을 때 누군가가 도움의 손길을 주면 '훌륭함'의 의미를 체험으로 알 수 있는 것입니다.

LIFE
05

용감함

용감함은 유사시에 빛난다

——— 용감한 사람이란, (중략) 두려운 일에 직면했을 때 마음을 흩트리지 않고 그에 적절히 대처하는 사람으로, 아무렇지도 않은 일에 대해 그렇게 하는 사람은 아니다.

《니코마코스 윤리학》

평소에는 평온하게,
비상시에야말로 냉철한 판단을

용감함에 대해 생각해 봅시다. 평소에 자신은 용감하다고 생각하는 사람일수록 정작 분쟁이 일어나면 추태를 보이고 마는 경우가 있습니다. 아무 일도 아닌 때에 용감한 척 하는 것은 쉽습니다. 분쟁이 일어났을 때 냉정하게 대처할 수 있는 사람이야말로 진정한 의미에서 용감한 사람이라 할 수 있습니다. 이것이 아리스토텔레스의 주장입니다.

생각해 보면 평상시에 용감할 필요는 없습니다. 만화영화의 영웅은 평소에는 대개 얌전합니다. 예를 들면 슈퍼맨도 평소에는 평범한 신문기자이다가 유사시에 용감한 영웅으로 변신하는 것입니다. 이런 부분은 그런 변신을 즐기게 하려는 요소도 있다고 생각합니다만, 그것 이상으로 진리를 전하고 있다는 생각이 듭니다. 말하자면 용감함이란 평소에는 평온하게 있고, 일단 유사시에 빛을 발하는 것을 말합니다.

일 때문에 다툼이 일어났을 때, 가족이 사고를 당했을 때, 재빠르게 상황을 정리하고 정확한 판단을 내리는 것이 무엇보다 중요합니다.

LIFE 06

도를 지나치다

때로는 야성을 되찾을 필요가 있다

———— 그렇게 하는 것이 선이라는 점을 조리 있게 설득하면, 사람은 습관이나 자연에 반(反)하여 많은 행위를 한다.

《니코마코스 윤리학》

인간은 본래 습관이나 자연에 거슬러 살려는 존재

기본적으로 인간은 습관이나 자연에 따라 살아갑니다. 하지만 일단 그것들을 따르지 않아도 된다고 하면 순식간에 속박이 풀립니다. 이 점은 인간이 본래 습관이나 자연에 거슬러 살고자 하는 생물임을 암시하고 있다고 할 수 있습니다.

잘 생각해 보면 사람은 태어났을 때에는 습관 따위는 전혀 상관이 없습니다. 자연의 섭리도 의식하지 않을 것입니다. 그것이 점차 습관을 익히고 자연에 따르도록 성장해 갑니다. 하지만 본능은 원초적인 체험을 잊지 않고 있습니다. 따라서 허락만 되면 야생으로 돌아간 것처럼 다른 행동을 하기 시작합니다.

단순히 도를 넘어도 좋다는 말 정도로는 움직이지 않습니다. 논리적으로 그것이 허락되는 점을 설명하지 않으면 주저할 것입니다. 예를 들면 부레코(無禮講 · 신분이나 지위의 상하를 막론하고 마음껏 즐기는 일본식 술자리 – 역주)라는 말은, 논리적으로 벽을 없애는 마술과 같은 단어입니다. 억압된 일상 속에서 때로는 도를 넘어 야성을 되찾는 것도 필요할지 모르겠습니다.

LIFE
07

웃음

재치 넘치는 웃음을 몸에 익혀라

———— 오로지 웃음 유발을 목표로 하는 익살꾼은 천한 사람이라고 할 수 있다. 이에 비해 자신도 전혀 익살스런 말을 하지 않고, 익살스런 말을 하는 사람들에게 화를 내는 따위의 사람은 촌스럽고 고지식한 사람이라고 할 수 있다. 분위기에 맞는 농담으로 즐겁게 해 주는 사람은 기지 넘치는 사람(eutrapelos · 에우트라펠로스)이라고 한다.

《니코마코스 윤리학》

삶을 곱씹어 보게 하는 웃음이 멋진 웃음

아리스토텔레스는 웃음을 이렇게 분석합니다. 어떤 수단을 써서라도 아무튼 사람을 웃기면 된다는 것은 비속하고, 재미있는 말을 전혀 하지 않는 것은 촌스럽고, 분위기에 맞는 농담은 기지가 있다고요. 말하자면 얼토당토않은 웃음은 안 되고, 재치가 풍부한 웃음은 바람직하다는 말입니다. 물론 웃음이 나도록 하는 것이 전제지만 말이죠.

요즘 TV를 보고 있으면 몸을 내던지기만 하는 종합 오락프로그램이 두드러집니다. 이것이 이성을 갖춘 인간의 본능에 뿌리 내리지 않을까 걱정이 됩니다. 이성의 단편조차 볼 수 없을 경우, 사람은 스트레스를 받지 않을까 생각하는 것입니다.

TV의 세계만이라면 모르되, 아이들에게까지 악영향을 주고, 비속한 웃음밖에 모르는 어른이 될 수 있어 솔직히 위기감을 느낍니다. 인생에는 한층 더 기지가 필요합니다. 덧붙이면 저의 이상은, 채플린의 희극영화처럼 문득 인생에 대해 생각할 수 있게 하는 그런 멋진 웃음입니다.

LIFE
08

빈곤과 병

자신의 악덕 탓이 아니라면 괴로워하지 말자

———가난이나 병은 대체적으로 자신의 악덕 탓이 아니고, 자신에게 기인하지 않는 부분은 생각건대 걱정할 필요가 없다.

《니코마코스 윤리학》

애초부터 걱정해도 소용없는 일이 있다

인간에게 빈곤이나 병은 적으로, 그 상태에 빠지는 것을 지나치게 두려워합니다. 그렇게 되지 않도록 늘 신경을 쓰기는 하지만, 빈곤도 병도 완전하게 피할 수는 없습니다.

아무리 일을 열심히 하더라도 갑자기 회사가 도산하기도 하고, 아무리 건강에 신경을 쓰더라도 병에 걸리고 마는 것입니다. 인생은 생각대로 되지 않습니다. 아리스토텔레스가 지적하는 것은 이 부분입니다. 자신의 악덕이 원인이 되어 가난해지거나 병에 걸리는 것이라면 별개지만, 그렇지는 않기 때문에 지나치게 걱정해도 아무 소용이 없다는 것입니다.

이 발상은 새로운 사고를 낳습니다. 가난이나 병에 대한 공포로부터 해방된다면 얼마나 고마운 일일까요. 갑자기 인생이 편안해진 듯한 기분이 들지 않습니까? 어떤 의미에서 이것은 긍정적 사고라고 할 수 있습니다. 애초부터 걱정을 해도 아무 소용이 없는 일이기 때문입니다.

물론 자신의 악덕이 원인인 경우도 있을 것입니다. 그런 경우는 약간 걱정하는 정도가 좋을지도 모르겠습니다.

LIFE 09

나쁜 짓

악에 물드는 것은 자기 책임이다

————— 인간은 온갖 교정 불가능한 정도의 악에 빠지는 경우도 있을지 모른다. 그런 경우라도 마치 불치의 병도 조기에 치료하면 나을 수 있듯이, 그런 사람이 된 것에 대해 스스로 책임을 져야만 한다.

《니코마코스 윤리학》

책임을 전가하기 전에 자신의 과실을 되돌아보자!

나쁜 짓을 하는 것은 누구의 책임일까요? 인생은 다양한 요인에 의해 좌우되기 때문에, 나쁜 짓을 하는 것도 드러나지 않는 환경적·심리적인 배경이 있기 때문이라고 생각할 수 있습니다. 하지만 그렇다고 해서 자신에게는 책임이 없다고 할 수 있을까요?

아리스토텔레스에 따르면 어느 시점에서 노력하면 교정에 성공하는 예는 많다고 합니다. 따라서 우리는 자신의 성격에 어느 정도 책임을 져야 한다고 합니다.

아리스토텔레스는 불치의 병조차 조기에 치료를 하면 나을 가능성이 있기 때문에 재빨리 손을 쓰면 된다고 생각합니다. 가차없는 의견처럼 들릴지도 모르겠습니다만, 곧잘 책임을 전가하는 현대인을 보고 있자면 이 설명이 딱 맞을지도 모르겠습니다.

다른 사람 탓, 또는 사회의 탓으로 돌리기 전에 우선은 자신의 책임에 대해 생각해 보는 일이 중요합니다. 그런 쪽이 앞으로 자신의 행위를 바로잡는 계기가 되기 때문입니다.

LIFE
10

은혜

은혜를 입으면 반드시 갚아라

———— 대부분의 사람은 은혜를 쉽게 잊고, 잘 하기보다도 잘 해 주기를 바란다.

《니코마코스 윤리학》

인생은 서로 도움으로써 이루어진다

상투적인 잔소리로 "이 배은망덕 한 놈!"이라는 말이 있습니다. 그만큼 은혜를 모르는 사람이 많아서일 테죠. 아리스토텔레스 또한 "대부분의 사람은 은혜를 쉽게 잊는다"는 말로 그것을 지적하고 있습니다.

그 원인은 사람은 잘 하기보다도 잘 해주기를 바라기 때문이라고 합니다. 분명 누구나 자신을 제일로 생각하는 경우가 많습니다. 그래서 은혜를 잊고 마는 것입니다. 은혜를 입으면 반드시 갚는다, 적어도 감사하는 마음을 잊지 않는다는 것이 중요합니다. 자신만 득을 보거나 누가 잘 해 주기만을 생각해서는 안 됩니다.

인생은 서로 도움으로써 성립됩니다. 혼자서 사는 사람은 없습니다. 은혜를 잊어버려서는 서로 돕는 사회를 만들 수 없습니다. 그렇기 때문에 더욱이 이타적 정신을 기르는 사회를 만들지 않으면 안 됩니다. 예를 들면 누가 선한 일을 해 주면 다른 누군가에게 같은 일을 하는 '은혜 갚기 운동'을 하면 어떨까요? 틀림없이 감사와 행복이 이어지기 시작할 것입니다.

LIFE 11

지성과 법

지성으로 자신을 다루어라

——————만약 선한 사람을 만들고자 한다면 참다운 육성과 습관들이기를 하고, 그것에 기초하여 좋은 생활을 영위하고 자발적으로 앞장서 행동하도록 해야 한다. 나쁜 행위를 하지 않도록 이끌어 갈 필요가 있다면 사람들의 생활이 어떠한 지성(nous · 누스)에 의해 다스려지고 강제력을 갖는 타당한 지시에 의해 다스려지도록 해야 한다.

《니코마코스 윤리학》

법에 의한 규율이 나쁜 것만은 아니다

아리스토텔레스는 공동체에서의 육성과 습관들이기를 중시합니다. 그것들을 거쳐 비로소 사람은 공동체의 성원이 된다고 생각하기 때문입니다. 그러기 위해서는 지성으로 스스로를 다스리는 일 뿐만 아니라 강한 권력에 의해 다스려지는 일도 필요하다고 합니다.

그렇기 때문에 아리스토텔레스는 법의 의의를 존중합니다. 법에 의해 다스려지는 것은 결코 나쁜 것이 아니라고 생각하는 것입니다. 최종적으로는 나쁜 짓을 하지 않는 인간이 되면 된다는 이야기입니다.

여기에는 인간의 강함과 약함에 대한 예리한 관점이 엿보입니다. 강함이란 지성으로 스스로를 다스릴 수 있다고 믿고 약함이란 강권(强權)에 의해 다스려지지 않으면 안 된다는 시각입니다. 현실주의자인 아리스토텔레스다운 견해가 아닌가요.

물욕이나 성욕을 비롯하여 인생은 유혹의 연속입니다. 그 속에서 어떻게 하면 악습이 몸에 배지 않게 하면서 올바르게 살아갈 수 있을까요. 그것은 강함과 약함을 현명하게 사용하는 방법에 달려있으리라 생각합니다.

LIFE
12

지성과 철학

지성은 우리가 가진 최고의 것이다

——————지성은 우리들 안에 존재하는 최고의 것이며, 지성이 관여하는 부분은 최고의 지식이 되기 때문이다. (중략) 생각건대 철학(philosophia · 필로소피아 = 지에 대한 사랑)은 그 순수성과 불굴성 면에서 경악을 금치 못할 즐거움을 가지고 있다고 할 수 있다.

《니코마코스 윤리학》

철학은 시대를 초월하여 진리를 탐구하는 지적인 행위

인생에서 절대적으로 필요한 것은 무엇일까요? 아리스토텔레스는 틀림없이 지성을 내세울 것입니다. 그가 누스(nous)라고 부르는 지성은 최고의 것이라고 할 정도이기 때문입니다. 그리고 그 최고의 것을 추구하는 것이 철학입니다.

철학이란, 지를 사랑한다는 의미를 갖고 있습니다. 따라서 철학은 최고의 인간 행위라는 말이 됩니다. 무엇보다도 "순수성과 불굴성 면에서 경악을 금치 못하는 즐거움을 가지고 있다"고 할 정도니까요.

분명히 철학은, 지나침을 멀리하고 편견을 버리고 오로지 진리를 탐구하는 순수한 지(知)의 행위입니다. 돈이 목적도 아니고, 세상의 변화에도 좌지우지되지 않고, 똑같은 모습으로 수천 년이 넘도록 지를 찾고자 하는 불굴성을 갖추고 있습니다.

제가 철학을 좋아하는 것도 이런 특성 때문입니다. 컴퓨터가 대세인 시대에 자신의 머리만으로 판가름할 수 있는 학문이야말로 귀중하다고 생각하지 않습니까?

유럽에선 중세 이후 재발견됐다

아리스토텔레스의 사상을 기록한 책은, 그가 죽은 후 학원 리케이온에 장서로 보관되어 있었습니다. 그런데 어느 제자가 가지고 나간 뒤 죽고 나서는 세상에서 묻히고 맙니다. 그런데 다행히도 그것이 발견되고, 공개된 것이 기원전 1세기경의 일입니다.

그 후에도 아리스토텔레스에 대한 연구는 계속됩니다만, 암흑의 시대로 불렸던 중세 5~10세기에 또다시 아리스토텔레스의 사상은 자취를 감추고 맙니다. 기독교가 전성인 시대에 서양에서는 철학이 잊혔던 것입니다.

한편 아라비아 세계에서는 이슬람 연구에 아리스토텔레스 사상이 이용되고 있었습니다. 그의 사상이 두 번째 발견된 것은 10세기 이후, 그러니까 암흑의 시대 이후입니다. 서양사회가 아랍으로부터 학문을 받아들이고자 했던 때의 일입니다. 놀랍게도 당시의 서양인들은 아라비아어로 아리스토텔레스를 공부했습니다.

이후 아리스토텔레스는 서양의 중심적인 철학자로서, 현대에 이르기까지 계속 군림하고 있습니다. 이 책이 아리스토텔레스를 또다시 발견하는 계기가 되기를 바랍니다만….

정치를 철학하다

"공동체를 전제로 생각해 본다면?"

정치의 본질을 알기 위한
아리스토텔레스의 제안이다.

POLITIC
01

정치에 대한 열의

정치적으로 사물을 판단하는 것은 인간의 본질이다

——— 인간은 본래 정치적 동물이다.

《정치학》

정치란, 대화를 통해 일이 좋은 방향으로 나아가게 하는 일

이 원문은 아마도 아리스토텔레스가 남긴 가장 유명한 말이라 생각합니다. 고대 그리스 도시국가인 폴리스에서는 노예를 제외한 자유민이 모두 토론에 참가하는, 직접민주제와 같은 정치제도를 채택하고 있었습니다. 지금과는 달리 당시에는 모두가 적극적으로 정치에 참가하고 있었습니다. 폴리스는 그들에게 생활의 장(場)일 뿐만 아니라 살아가기 위해 불가결한 무대와 같은 것이었다고 합니다.

따라서 아리스토텔레스는 인간은 본래 '폴리스적 동물'이라고 한 것입니다. 이 '폴리스적'이라는 부분이 실질적으로는 다 함께 대화를 나누어 어떤 사항을 결정하는 정치를 의미하기에, '정치적'이라는 식으로 번역된 것입니다.

집단에서 서로 대화하고 어떤 일을 좋은 방향으로 나아가게 하는 것은 인간의 본능적·본래적 행위입니다. 정치로 세상은 바뀌지 않는다는 절망적인 분위기가 만연한 현대 사회에서도 진지하게 받아들여야 할 말이라고 할 수 있습니다.

POLITIC
02

행위로서의 정치

정치는 실천으로 익혀라

——— 정치학의 목적은 지식이 아니라 행위이다.

《니코마코스 윤리학》

자연의 지식을 배우는 것과는 달리 정치는 늘 행위를 동반한다

정치학은 학문인 이상, 지식 습득을 목적으로 하는 것처럼 생각하기 쉽습니다. 하지만 아리스토텔레스의 말에 따르면 그것은 잘못된 것으로, 정치학은 행위라고 말합니다.

정치라는 행위는 분명 실천임에 틀림없습니다. 도시국가인 폴리스에서의 일상생활 그 자체를 가리키기 때문입니다. 따라서 그 행위를 배운다는 것은 단순히 자연 지식을 배우는 것과는 달리 늘 행위를 동반합니다.

예를 들면 토론 방법을 익힌다고 한다면 그것은 실천을 통해 익히는 것이 가장 좋습니다. 아무리 "상대의 의견을 부정하지 않고 훌륭하게 통합하는 일"이라는 말로 배우더라도 결국은 탁상공론에 지나지 않습니다.

그런 의미에서 아리스토텔레스는 인생 경험이 풍부한 사람 쪽이 정치학에 어울린다고 합니다. 물론 젊은 사람도 실천을 통해 성장해 가는 것이기 때문에 정치학을 많이 익힐 필요가 있습니다.

인성 연구가 정치학의 시작

——— 만약 인간이 정치적인 동시에 행위적이라면 그 성격이 선량하지 않으면 안 된다. 따라서 인성에 관한 연구는 아무래도 정치학의 부분이고, 동시에 시작일 수 있다.

《대윤리학》

정치학은
'선량한 윤리'에 관한 것

인성에 관한 연구가 정치학의 시작이라는 말은 아주 독특한 견해라고 할 수 있습니다.

정치는 영어로 폴리틱스(politics)라고 합니다만 이 말은 고대 그리스의 도시국가 폴리스에서 유래합니다. 말하자면, '폴리스 경영에 관한 학문=정치학'이라고 해도 과언은 아닙니다. 그리고 폴리스 경영이란 사람들의 윤리적인 활동을 가리킵니다. 따라서 '정치학=인성 연구'라는 도식이 성립되는 것입니다.

아리스토텔레스의 정치학을 생각할 때, 항상 그것을 윤리에 관한 것이라는 점을 잊어서는 안 됩니다. 요구되는 윤리는 한마디로 말하면 선량한 윤리라고 할 수 있지 않을까요.

이를 이해관계 조정을 제일로 여기는 정치에 대입하여 말하면 원만히 이해관계를 조정할 수 있는 사려 깊고 덕이 있는 성격입니다. 그런 의미에서 아리스토텔레스의 정치학을 인심 장악술의 하나로, 또한 인간관계를 생각하는 노하우로 참고해 보면 어떨까요.

POLITIC
04

일상의 노력

평범한 일상일수록 노력하라

———————사업이나 전쟁을 할 때에는 선한 사람으로 보이면서, 평화롭게 생활하고 한가함을 즐기고 있을 때에는 노예처럼 보이는 것은 더욱 더 부끄러워해야 할 일이다.

《정치학》

비상시나 특별한 때에 분발하는 것은 당연

아리스토텔레스는 사업이나 전쟁을 하고 있을 때에는 선한 사람으로 보이고, 평화롭게 살고 있을 때에는 노예처럼 보이는 사람을 비난합니다. 부끄러워 할 줄 알아야 한다고요. 말하자면 평화롭게 지내고 있을 때에도 선한 사람으로 보이지 않으면 안 된다는 말입니다. 그러기 위해서 온 정성을 다해 행동하고, 윤리적으로 행동할 필요가 있는 것입니다.

여기에서 도출할 수 있는 점은 두 가지가 있습니다. 하나는 아리스토텔레스가 평화로운 일상에서의 윤리를 중시하였다는 점, 또 하나는 그가 평화 그 자체를 중시하였다는 점입니다.

분명히 우리는 뭔가 특별한 일이 있을 때에는 아주 열심히 노력합니다. 그런데 아무 일도 없는 평범한 일상에서는 축 늘어져 할 일 없이 보내기 쉽습니다. 특별한 때에 열심히 하는 것은 너무나 당연한 일로, 일종의 들뜬 상태라고 해도 좋을 것입니다.

그렇기 때문에 평범한 일상에서의 노력 여부가 여러분의 진가를 가늠할 수 있습니다.

POLITIC
05

민주제

정치란 '자유 경쟁'이다

———— 민주제적 국가 제도의 근본 원리는 자유이다. 그리고 자유의 하나는 차례로 지배를 당하기도 하고 지배를 하기도 하는 일이다.

《정치학》

민주제는 본질적으로 자유에 근거를 두는 것

아리스토텔레스는 민주제가 반드시 좋다고는 하지 않습니다만 민주제의 특질에 대해 서술하고 있는 부분은 많은 참고가 됩니다. 군주제나 귀족제가 지배자의 덕에 통치 근거를 두고 있음에 비해 민주제는 자유에 근거를 두고 있다는 것입니다.

확실히 민주제의 경우 지배자 한 사람이 특별히 뛰어난 능력을 지녔다고는 볼 수 없습니다. 거기에는 오직 자유가 있을 따름입니다. 그 대표적인 모습의 하나가, 어느 누가 지배자가 되더라도 상관없다는 점입니다.

"남자가 아니라면 여자가" 식으로 차례에 따라 지배할 수 있는 기회가 있습니다. 가난한 사람도 지배자가 될 수 있다고 아리스토텔레스는 말합니다. 이것이 자유의 의미로, 선거라는 발상이 생겨납니다.

현대사회에서는 지배—피지배의 입장이 바뀐다는 관점으로 민주제를 정의하는 일은 없으리라 생각합니다. 하지만 변화가 너무 빠른 정권 교체를 보고 있자면 수긍이 가는 부분도 있습니다. 그런 의미에서 사실, 정치란 '자유경쟁'인 것입니다.

POLITIC
06

국가의 규모

집단에는 적절한 규모가 있다

——— 다른 모든 동물, 식물, 도구처럼 국가에 있어서도 적정 크기의 기준이 있다. 실제로 너무 작거나 커서 자신의 기능을 발휘하지 못한 채, 때로는 자신의 본성을 완전히 잃어버릴 수도 있고, 때로는 보잘 것 없는 상태에 있을 수도 있다.

《정치학》

집단의 적절한 규모는 자족 여부로 알 수 있다

아리스토텔레스는 국가 규모에 대해 "적절해야만 한다"고 말합니다. 동식물이나 도구에도 적절한 크기가 있듯이 국가에도 적절한 규모가 있으리란 이유 때문입니다.

규모가 적당하지 않으면 사물은 분명 본래의 기능을 발휘할 수가 없습니다. "띠로는 짧고 멜빵으로는 길다"는 표현이 있듯이, 아리스토텔레스는 배의 규모를 예로 들기도 합니다.

더욱이 국가가 너무 작으면 자족(自足)할 수 없다고 합니다. 자족은 도시국가인 폴리스로서는 너무나 중요한 요소입니다. 따라서 자족이 힘들 것 같은 규모의 국가는 국가다울 수 없다는 의미입니다.

반대로 말하면, 자족할 수 있다는 것이 적정한 규모의 기준이 됩니다. 이 또한 모든 집단에 해당하는 근본 원리입니다. 회사든 비영리조직이든 자족할 수 없는 집단은 곧 쇠퇴하고 맙니다.

POLITIC
07

이상적 국가

적절한 규칙이 행복한 국가를 만든다

———— 어떤 사람이든 그것에 기초하면 가장 선하게 행동하고 행복하게 생활할 수 있는 그런 질서가 적절한 규칙이다.

《정치학》

무리한 규칙은
애초부터 달성할 수 없는 꿈

이상적인 국가는 그 질서를 준수하기만 해도 선행이 생기고 행복해질 수 있다. 아리스토텔레스는 이렇게 말합니다. 그런 나라가 있으면 확실히 이상 국가라고 할 수 있습니다.

모든 나라가 국민이 행복해질 수 있을 만한 규칙을 만듭니다만 왠지 매끄럽게 나아가지 않습니다. 물론 규칙을 제대로 준수하지 않는다는 문제도 있겠지만 아무래도 그것만은 아니라는 생각이 듭니다.

말하자면 애초부터 규칙에 무리가 있다는 생각이 드는 것입니다. 결코 달성할 수 없는 꿈은 의미가 없습니다. 이상이 너무 높으면 아무래도 지킬 수 없을 것 같은 체념이 일어나고 역효과를 부르지 않을 수 없기 때문입니다.

이것은 국가의 규칙에 한정된 이야기가 아닙니다. 모든 집단의 규칙에 대해 해당된다고 할 수 있습니다. 적절한 규칙이 공유되는 집단에서 비로소 인간은 행복해질 수 있는 것입니다.

POLITIC
08

국가의 의무

진정한 국가는 덕으로 만들어진다

———— 진정한 의미의 국가라면 (국민의) 덕에 대해 배려하는 부분이 없어서는 안 된다.

《정치학》

국민이 선하게 살 수 없는 나라는 국가라고 할 수 없다

도시국가 폴리스의 주민은 선하게 사는 것을 목표로 하였습니다. 따라서 선하게 사는 것을 도모할 수 없는 나라는 국가라고는 부를 수 없습니다. 국민이 덕을 고양할 수 있는 나라여야만 비로소 진정한 국가라고 부를 수 있는 것입니다. 물론 그것은 개개 구성원에 달려 있습니다만, 덕이 습관에 의해 길러지는 것인 이상, 그것은 공동체의 책임이기도 합니다.

과연 지금 국민의 덕을 키우려는 국가가 있을까요? 권력을 휘두르는 사람, 자기 배를 불리는 사람… 그런 어른을 보고 자란 어린이들이 덕이 있는 성원이 될 리가 없습니다. 과도한 시장주의며, 공공성의 붕괴는 국가의 책임이 아닐 수가 없습니다.

참된 사회를 만들어가기 위해서도 우리들 한 사람 한 사람이 덕을 기르지 않으면 안 됩니다.

POLITIC
09

자연법

자연법은 사회의 초석이다

——— 자연에 따르면 최선의 국가 제도는 단 하나뿐이다.

《니코마코스 윤리학》

국가는 사물의 본성에 따라 운영되어야 한다

여기서 말하는 '자연'이란, 사물의 본성을 말합니다. 사물의 자연 본성에 기초하고 보편성과 합리성을 갖춘 자연법이라는 개념입니다. 사물의 근원을 가리키는 불문법으로서의 자연과 같은 뜻입니다.

그리고 최선의 정치는 그런 자연에 의거하여 단 하나밖에 없다고 합니다. 이상적인 국가는 자연법에 근거한 것이어야만 하고 인위적 · 자의적으로 조종되는 것이어서는 안 된다는 말입니다.

그렇다고는 하지만 국가는 사실 사람이 지배를 하고 있습니다. 따라서 방치하면 자의적으로 지배를 받기 쉽습니다. 그것을 막기 위해서 자연법과 같은 굴레가 있는 것입니다.

국가도 사물의 본성에 따라 운영되지 않으면 안 됩니다. 그런 취지에서, 현대사회에서도 국가의 최고 규범인 헌법은 일반적으로 자연법의 취지에 준한 것이라고 합니다. 일본의 헌법도 마찬가지입니다. 명시적으로 쓰여 있지는 않습니다만 자연법은 우리들 사회의 초석입니다.

POLITIC
10

금융경제

금융자본주의는 자연에 반(反)한다

———— 비난받아 마땅한 것은 고리대금업자이다. 그의 재물이 화폐 그 자체에서 얻어지는 것으로, 화폐를 만든 본래 목표인 이른바 교환 과정에서 얻어지는 것이 아니기 때문이다.

《정치학》

교환수단에서
이익이 생기는 것은 부자연스럽다

아리스토텔레스는 금융경제를 부정적으로 파악하고 농업과 같은 자연경제를 이상으로 삼고 있습니다. 왜냐하면 이자를 다루기만 하는 경제는 실체가 없고 자연에 반하는 것이라고 합니다.

한 나라의 경제정책으로 봤을 때 이것은 현대사회에도 적용되는 경고라고 할 수 있습니다. 2008년의 리먼 쇼크에서 명백해졌듯이 금융자본주의가 얼마나 불건전한지는 자명합니다. 아리스토텔레스는 고대 그리스 시대에 그 본질을 간파하여 예리하게 비판하고 있습니다. 그 중에서도, 그것이 자연에 반하고 있다는 표현은 너무나도 철학적이어서 인상에 남습니다.

아리스토텔레스가 말하듯이, 경제는 교환을 목적으로 하는 것으로 교환 수단에서 이익이 생기는 것은 부자연스럽습니다. 말하자면 수단과 목적이 거꾸로 된 관계에 있는 것입니다. 폴리스 안에서 자족적인 생활을 목표로 한 아리스토텔레스 사상에는 본받아야만 할 교훈이 들어 있습니다.

POLITIC
11

정치 교육

주체적 인간을 기르는 정치 교육이 필요하다

———— 국가 제도가 존속하기 위해 각각의 국가 제도에 따른 교육이 이루어져야 한다. 만약 국가 제도의 정신에 따라 국민이 습관을 들이고 교육을 받지 않으면, 예를 들어 혹 법률이 민주제적인 것이라면 민주제적으로, 혹 과두제적인 것이라면 과두제적으로 그렇게 되지 않으면, 그 법률이 가장 유익하고 모든 국민이 인정하는 것일지라도 조금도 이익을 주지 못하기 때문이다.

《정치학》

지식 습득으로 그치는 정치 교육은 안 된다

국가 제도 존속을 위해 교육이 중요하다는 점, 그리고 교육이 업신여겨지고 있는 점을 지적하고 있습니다. 이른바 '정치 교육'의 필요성을 말하고 있는 것입니다. 이 발상에는 아리스토텔레스의 선견성을 느끼지 않을 수 없습니다. 그도 그럴 것이 현대 사회에서도 정치 교육이 이루어지지 않고 있기 때문에 젊은 사람들이 정치에 관심을 갖지 않아 투표율이 저하하고 있기 때문입니다. 아무리 제도가 존재하더라도 그것이 국민에게 습관으로 몸에 배어 있지 않으면 의미가 없습니다. 보물을 가지고도 썩힌다고 할 수 있을 것입니다.

그때 주의하지 않으면 안 되는 것은 정치 교육은 단순히 지식 습득으로 끝나선 안 된다는 점입니다. 주체적인 국민이 되기 위해서는 당연히 주체적으로 사물을 생각하고, 의견을 말하고, 행동하는 인간이 될 필요가 있습니다. 이런 훈련이야말로 정말 필요한 것입니다.

이것은 학교만이 아니라 기업이나 사회에서도 조직 활성화를 위한 인재 육성에 불가결한 견해라고 할 수 있습니다.

지금도 계승되는 아리스토텔레스 철학

수년 전에 NHK에서 '하버드 백열(白熱)교실'을 방영한 적이 있습니다. 하버드대학의 마이클 샌델 교수가 천여 명의 학생을 대상으로 철학 대화를 펼치는 감동적인 강의입니다.

베스트셀러 《정의란 무엇인가》로도 알려진 샌델 교수도 실은 아리스토텔레스의 제자입니다. 물론 2000년이 넘는 세월이 지났기 때문에 직속 제자는 아닙니다만 분명히 아리스토텔레스의 혼을 이어받고 있습니다.

특히 인상적이었던 것은 "어느 무엇 하나도, 참된 것인지 토론하지 않고서는 정의는 단정 지을 수 없다"는 샌델 교수의 말입니다. 현대사회에서는 공동체 성원 전원에게 공통의 선 따위는 있을 수 없다고 하여 이런 토론을 피하는 경향이 있습니다. 게다가 절차만 철저하게 밟으면 그것으로 정의를 충족하고 있는 것처럼 말하고 있습니다.

하지만 샌델 교수는 이래서는 안 된다고 말합니다. 공통된 선에 대해 확실히 토론을 해야만 한다고 주장합니다. 공동체의 선을 추구하는 이런 태도는 아리스토텔레스의 사상 그 자체입니다. 아리스토텔레스는 지금도 우리 삶 속에 분명히 살아 있습니다.

자연을 철학하다

"사물의 원리를 생각해 본다면?"

아리스토텔레스가 과학적인
관점을 갖기 위해 던지는 질문이다.

NATURE
01

원리

사물에 대한 이해는 원리를 아는 일에서 시작된다

———— 일반적으로 우리는 각 대상물의 제1원인, 제1원리를 그 구성 요소에 이르기까지 훤히 꿰뚫었을 때 비로소 그 면면을 안 것으로 생각한다. 따라서 분명 자연에 대한 학문 인식의 경우에도 우선 우리가 애써야 할 것은 그것의 여러 원리에 관한 사항을 확정하는 데에 있다.

《자연학》

기초적인 원리를 알아야 과학 발전이 있다

학문에서는 원리며 원인, 그리고 구성 요소를 잘 알아야 합니다. 그 중에서도 과학이 더 그렇습니다. 따라서 우선은 원리를 아는 일에서 시작하지 않으면 안 됩니다.

그런데 제가 근무하는 공업고등전문학교에서는 원리를 공부하는 것보다도 실험 등의 작업을 하는 편이 좋다는 학생이 많습니다. 과학 그 자체에는 흥미가 있는 듯하지만…. 본래는 기초적인 원리 위에 새로운 과학 발전이 있기 때문에 그런 부분을 소홀히 여겨서는 본말이 전도될 가능성이 있습니다. 아리스토텔레스도 그런 부분을 지적하고 있습니다.

그가 자연에 대해서도 우선 원리를 확정하라고 할 때, 머리를 스치는 것은 동일본 대지진 때의 원전 사고입니다. 아무리 과학을 추구하더라도 그것을 둘러싼 자연에 대한 인식을 소홀히 하면 과학은 붕괴합니다. 우리는 이 점을 뼈저리게 느꼈을 터입니다. 아리스토텔레스는 현대사회에도 교훈을 던지고 있는 것입니다.

NATURE
02

운동과 정지

사물은 모두 운동을 하고 있다

———— 자연이란, 운동과 정지의 원인이 부수적으로가 아니라 직접적, 본래적으로 내재하고 있어서, 그것이 운동하기도 하고 정지하기도 하는 원인이 되는 그 어떤 것임에 틀림없다.

《자연학》

모든 자연은 분자로 구성되어 있다

자연의 의미에 대해 아리스토텔레스는 '운동과 정지의 원인'을 중시하고 있습니다. 우리 주변에 있는 것은 '모두' 움직이고 있다고 해도 과언이 아닙니다.

그렇습니다, 생물이 아닌 책상이나 의자라 하더라도 움직이고 있는 것입니다. 그 증거로 100년 정도 지나면 상태가 나빠지고, 1000년 정도 지나면 썩어 없어질 것입니다. 이것은 책상이나 의자가 운동을 하고 있는 증거라고 할 수 있습니다. 분자 차원에서 운동하고 있는 것입니다.

모든 자연은 분자로 구성되어 있다고 볼 수 있으므로, 생물에 한정되지 않고 운동하고 있다고 할 수 있습니다. 반대로, 움직이고 있던 것이 정지하는 경우도 있습니다. 과학의 관점에서 자연을 이렇게 정의하다니, 과연 '만학의 아버지' 아리스토텔레스입니다.

실은 이러한 발상은 사물에 대한 사고 전반에 응용되리라 생각합니다. 예를 들면 사회 인프라가 노후화되어 가는 것도 과학의 관점으로 파악할 수 있지 않을까요?

NATURE
03

가능태와 현실태

모든 것은 가능성이 현실화한 것이다

———— 현실태라는 것은 우리가 말하는 행위 측면에서가 아니라 가능태 측면에서, 어떤 것의 안에 들어 있는 것이다.

《형이상학》

사물은 처음부터
어떤 형태를 이룰 가능성을 품고 있다

현실태는 '에네르게이아(energeia)'라고도 하는데 가능성이 현실화한 상태를 가리킵니다. 이에 비해 가능성은 '디나미스(dynamis)'라고도 하는데 가능성 그 자체를 가리킵니다.

현실태가 가능태에 내재한다는 것은, 말하자면 가능태가 현실태로 된다는 의미입니다. 아리스토텔레스는 동물 등 자연 현상을 자세히 관찰하던 중 사물이 점차 변화해 가는 모습에 주목했습니다. 사물은 처음부터 어떤 형태가 될 가능성을 품고 있음을 발견한 것입니다. 거기에서 모든 것에, 가능성의 현실화라는 원리를 적용할 수 있게 되었습니다. 그가 현실주의자로 불리는 것은 이런 점에도 원인이 있습니다.

사물을 가능성의 현실화로 파악하면 원인을 찾기가 쉬워질 것은 틀림없습니다. 주변의 사물에 대해 원래의 상태와 미래 등을 상상해 보기 바랍니다. 예를 들면 제가 쓰고 있는 이 컴퓨터도 고도의 계산 가능성이 현실화한 것입니다. 아직 미지의 가능성이 있을지도 모르죠!

NATURE
04

시
간

시간을 숫자로 파악하라

———— 시간은 전혀 존재하지 않는 것은 아닌가, 존재하더라도 있는지 없는지 막연하다는 의문을 가질 수 있다. 우선, 시간의 어떤 부분은 예전에는 있었지만 지금은 이미 없다, 하지만 다른 부분은 이제 막 있으려고 하는데 여전히 지금까지 없다. 게다가 시간은 예전에 있었지만 지금은 이미 없는 과거와 이제 막 있으려고 하는데 아직은 없는 미래가 합성된 것이다. 하지만 모든 사람은 이런 없는 것으로 합성된 것이 존재를 나누어 가지는 일은 불가능하다고 생각한다.

《자연학》

시간을 의식하면 헛되이 보내는 시간을 줄일 수 있다

아리스토텔레스의 시간론입니다. 그는 시간이란 것이 존재하는지를 묻습니다. 있다고 생각한 순간 이미 지나가버린 것은 아닌가 하고요. 최종적으로 그가 내린 결론은 '시간이란 앞뒤에 대해 숫자로 잰 운동의 수'라는 것입니다. 말하자면 시간이란, 운동을 전후 방향으로 측정하여 얻은 수량 요컨대 운동의 기간을 수로 나타낸 것이라는 의미입니다.

붙잡을 데가 없는 시간 개념을 물리적으로 파악할 수 있도록 이미지화한 공적은 크다고 할 수 있습니다. 분명 운동으로 환산되면, 움직인 만큼이 양적으로 머리에 떠오르겠죠. 1km 이동하였다면 그 이동 거리를 시간으로 파악할 수 있을 테니까요.

시간은 잡을 수 없는 것일지도 모릅니다만 그것을 숫자로 파악하면 잡을 수 있는 것입니다. 다시 말하면 이 말은 곧 시간을 의식한다는 뜻입니다. 시간은 의식하지 않으면 헛되게 지나가는 법, 늘 시간을 의식하도록 명심합시다.

NATURE
05

마음과 신체

마음이 신체를 지배한다

——— 우리의 어떤 부분은 마음이고, 다른 부분은 신체다. 그리고 전자는 지배하고, 후자는 지배당한다.

《철학에 대한 권유》

겉모습보다도 마음을 아름답게 가꿔라!

여기에서는 인간은 마음과 신체로 이루어진다는 점, 그리고 마음이 신체를 지배한다는 점을 말하고 있습니다. 이것은 심신이원론이라고 하는 사고로, 근세 프랑스 철학자 데카르트에 의한 주장이 가장 널리 알려져 있습니다.

약 400년 전, 데카르트는 "나는 생각한다, 고로 존재한다"는 말로, 의식만은 다른 것과 달리 결코 의심할 수 없다고 하여 특권적인 지위에 있음을 증명하였습니다. 이에 따라 신체는 마음과는 다른, 이른바 어떤 물건과 같은 취급을 받게 된 것입니다.

그 약 2000년 전, 아리스토텔레스도 마음과 신체를 나누어 후자가 전자의 지배를 받는다는 주장을 내세웠던 것입니다. 게다가 아리스토텔레스는 거기에서 한 발 더 나아가, 마음이 신체를 제어한다는 점에서 마음 쪽이 중요하다고 합니다. 그런 의미에서 겉모습을 가꾸는 데 몰두하기보다도 마음을 가꾸는 일에 좀 더 힘을 쏟아야 합니다.

NATURE
06

시
각

시각(視覺)은 사고(思考)의 입구다

———— 감각은 그 효용을 제외하더라도 이미 감각하는 일 그 자체만으로 사랑받는다. 그 중에서도 특히 가장 사랑받는 것은 눈에 의한 감각(시각)이다. 우리는 전혀 아무 것도 하고자 하지 않는 경우에도, 보는 일을 다른 모든 감각보다 앞서 선택하고 좋아하는 것이다. 그 이유는 보는 행위가 다른 어떤 감각보다도 우리에게 사물을 가장 잘 인식시키고 그 다양한 차이를 분명히 해 주기 때문이다.

《형이상학》

인간은 보는 일을 무의식적으로 좋아한다

감각, 그 중에서도 시각에 관한 아리스토텔레스의 견해입니다. 그는 감각을 높이 평가하고, 무엇보다 감각을 갖는 일 자체가 굉장하다고 합니다. 그 중 시각을 특히 높이 평가하고 있습니다.

그 이유는 우리들이 '본다'는 행위를 무의식적으로 좋아하기 때문입니다. 사람은 어떤 것을 봄으로써 사물의 차이를 인식합니다. 틀림없이 정보의 대부분은 시각으로 들어온다고 해도 과언은 아닙니다. 아름다운 풍경도, 추한 다툼도, 곤란한 상황도. 감지기 역할을 하는 시각이 차별 없이 대상을 파악하여 사고로 끌어들이기 때문입니다. 시각이 '저건 뭐지?' 하고 파악한 순간부터 우리의 사고는 출발을 합니다.

아리스토텔레스가 시각 그 자체가 훌륭하다는 말에 그치지 않고, 그것을 디딤돌로 한 사고에 눈을 돌리고 있는 점은 분명합니다. 시각은 사고의 첫걸음. 풍부한 색채와 형상, 또는 사람의 표정이나 몸짓을 유심히 관찰해 봅시다.

NATURE
07

동물과 기억

경험이 모이면 보편성이 생긴다

——————다른 모든 동물들은 감각 표상이나 기억으로 살며 경험을 갖추는 동물은 극히 드물다. 그런데 인간이라는 유의 동물은 한발 나아가 기술이나 추리력으로 살고 있다. 경험이 인간에게 생성되는 것은 기억 때문이다. 이는 곧 같은 사항에 대한 수많은 기억이 마침내 하나의 경험이 될 힘을 가져오기 때문이다.

《형이상학》

기억이 경험이 되고,
보편적 경험이 기술이 된다

아리스토텔레스는 동물과 인간의 차이는 경험에 있다고 생각합니다. 동물에도 감각이며 기억은 있지만 경험을 쌓는 일이 불가능하다는 것입니다. 따라서 기술을 발전시킬 수도 없고, 또한 추리를 하는 것도 불가능하다는 것입니다.

기술을 발전시키기 위해서는 분명 실패를 비롯한 경험 축적이 필요합니다. 추리도 경험이 있고서야 가능합니다. 왜 인간만이 경험을 축적할 수 있는가 하면, 기억을 축적할 수 있기 때문입니다. 인간은 다른 동물과는 확연히 다르게 기억 용량이 큽니다.

기억이 경험이 되고, 나아가 그것이 보편적인 것이 되었을 때 기술이 태어납니다. 핵심은 보편적이라는 부분으로, 개개의 경험은 개별적인 것이지만, 그것이 모이면 보편성을 띠게 됩니다. 필시 그 앞에는 진리가 자리 잡고 있을 것입니다.

이런 이치는 인생에도 해당될 것으로 생각합니다. 경험이 쌓여야 비로소 인생의 의미가 눈에 들어오는 것은 아닐까요.

NATURE
08

3이라는 숫자

세상은 양 극단과 중간으로 구분된다

———— 크기 중에 한 방향으로 분할할 수 있는 것이 선(線)이고, 두 방향으로 할 수 있는 것이 면(面)이고, 세 방향으로 할 수 있는 것이 물체이다. 게다가 이들 외에 다른 크기는 존재하지 않는다. 그것은 이 3개의 것이 존재하는 모든 것의 방향이고, 3개의 방향이 모든 것의 방향이기 때문이다.

《천체론》

세상은 3이라는 숫자로 표현할 수 있다

1은 선, 2는 면, 3은 입체. 3이라는 숫자로 모든 것을 나타낼 수 있다. 아리스토텔레스는 이렇게 주장합니다. 평면은 2차원이고 입체는 3차원이기 때문에 말 그대로라고 할 수 있습니다.

핵심은 입체가 모든 것이고, 세 방향이 전부라는 점입니다. 말하자면 아리스토텔레스는 3이야말로 모든 것을 나타낼 수 있는 숫자라고 생각한 것입니다. 놀랍게도, 신에게 바치는 공양물에도 3을 의식했다고 합니다.

이 때문에 그의 개념에는 사물을 셋으로 구분하는 '3분설'이 자주 나옵니다. 따지고 보면 우리도 사물을 셋으로 구분하는 경향이 있습니다. 대중소, 상중하라는 식으로 말이죠.

이것은 사물의 양극단 외에는 그 중간밖에 없기 때문일 것입니다. 그런 의미에서 3이 모든 것을 나타내는 것은 사실입니다. 예를 들면 연설이나 설명회에서 "핵심은 3가지 있습니다"고 흔히 말합니다만, 이는 3이 외우기 쉬울 뿐 아니라 모든 것을 망라하고 있기 때문이라 생각합니다.

NATURE
09

4원인설

사물은 모두 4가지 원인이 작용한다

———— 원리나 원인에 대해 말한 사람들 중 어느 누구 하나도 우리가 자연에 관한 저술 속에서 구별한 4가지 원인 외에는 다른 어떠한 원리·원인도 기술하지 않았을 뿐만 아니라, 4가지에 대해서는 그들 모두가 애매하기는 하지만 어떠한 방식으로든 다루었음은 분명하다.

《형이상학》

단계별로 나눠
분석하고 대응하라

아리스토텔레스가 언급하고 있는 4개의 요인이란, 이른바 '4요인설'이라는 것으로, 사물이 생성하고 존재하기까지의 원인을 4가지로 들고 있습니다. 사물이 생성하는 것도 소위 재료 격인 '질량인', 사물의 원형 격인 '형상인', 사물의 시작 격인 '기동인', 사물의 끝 격인 '목적인'입니다.

모든 사물은 이들 4가지 원인을 필요조건으로 존재하고 있습니다. 예를 들어 집을 세울 때, 질량인인 재료, 형상인인 설계도, 기동인인 건축 행위, 목적인인 건축물이라는 식으로 말입니다. 어떤 일을 하는 과정으로 말하면 '대상→구상→실천→완성'이 될 것입니다.

아리스토텔레스는 바로 이 4원인설에 자신감을 가졌던 모양입니다. 그렇기 때문에 그야말로, 원인에 대해 논할 때 모든 사람이 어떤 형태로든 이 4가지에 대해 다루었다고 합니다. 여러분도 사물의 원인을 4가지로 분석하여 생각하는 사고법을 익혀보면 어떨까요?

NATURE
10

범주화

사고(思考)는 갈래짓는 데서 시작된다

――――― 이것이 그 사람에게 속하는가, 이것이 그 사람에 대해 진실을 말하는가 등의 표현은 범주가 여럿 있는 만큼 다양한 방식으로 이해될 수 있다.

《범주론》

이해를 위해 나누고 묶어라

원문에 있는 '범주'란, 아리스토텔레스가 《범주론》으로 정리한 항목을 말합니다. 아리스토텔레스는 사물을 분류하기 위해 10개의 범주로 구분하였습니다. 실체, 양, 질, 관계, 장소, 때, 상태, 소유, 능동, 수동의 10가지입니다.

이들 범주에 따라 사물의 존재 방식을 규명하였습니다. 어떤 실체가, 얼마만큼, 언제, 어디에서와 같은 식으로 다양한 형태로 규정된 것입니다.

아리스토텔레스 이후의 철학자인 칸트도 범주를 제기하였습니다만 《범주론》의 분류가 토대를 이루었다고 할 수 있습니다. 그런 의미에서 아리스토텔레스는 '분류의 아버지'입니다.

과학에서는 대상이 되는 개념이나 물질, 원리를 분류하는 것이 첫째 관문입니다. 이 시점에서 얼마나 잘 정리할 수 있느냐에 따라 다음 단계에 크게 영향을 미칩니다. 이 10가지 범주는 현대에서도 충분히 통용되기 때문에 일이나 공부에 도움이 되도록 하기 바랍니다.

NATURE
11

자연의 질서

미래는 자연 속에서 보인다

——— 우리는 동물 연구에도 적극적으로 나서지 않으면 안 된다. 그렇게 하면 어떠한 동물에게서나 무언가 자연적이고 아름다운 것을 인지할 수 있을 것이다. 왜냐하면 자연물에는 우연이 아니라, 일정한 목적성을 파악할 수 있으며, 그 존재나 생성의 목적은 미의 영역에 속하는 것이다.

《동물의 부분에 관하여》

인류는 어떠한 목적을 향해 진화하고 있다

아리스토텔레스는 동물 연구를 권장합니다. 이것은 자연을 이끌어 가는 원동력을 찾아내기 위함입니다. 얼핏 보기에 무질서하게 보이는 자연에는, 실은 커다란 목적이 있다는 뜻입니다. 인간과 다른 누군가가 그 목적을 가지고 있다는 식의 이야기는 아닙니다만, 전체적으로 목적을 향하고 있다는 말입니다.

동식물의 진화 과정을 보면 분명, 마치 어떤 목적이 있고 그곳을 향해 모습을 바꾸고 있는 것처럼 여겨집니다. 하지만 아리스토텔레스는 그 목적에서 '미'를 찾아냅니다.

이것이 옳다면 인간이 진화하는 먼 훗날에는 과연 어떤 목적이 인정을 받을까요. 우리 인간도 자연의 일부이기 때문에, 의식하지 않더라도 어떤 커다란 목적을 향해 진화하고 있음에 틀림없습니다. 이제 겨우 두 발로 걸을 수 있게 되고 언어 능력을 키워왔던 것처럼 말입니다.

이처럼 얼핏 보기에 목적이 없을 것 같은 것에서 목적을 찾아냄으로써, 지금까지 보이지 않았던 것이 보이게 될지도 모르겠습니다.

NATURE
12

자연과학

자연과학은 불변이고 인간의 인식은 가변적이다

———— 불이, 여기에서도 페르시아에서도 어떤 것을 태우는 것과 같이 자연의 본성에 따른 것이라면 변동하지 않고 어디에서든 동일한 타당성을 가지고 있는 데 비해 인간의 인식은 가변적일 수밖에 없다.

《니코마코스 윤리학》

인간은 모든 가능성으로 가득 차 있다

아리스토텔레스는 자연 현상은 불변임에 비해 인간의 인식은 가변적이라고 합니다. 그 일례로서 불은 어느 나라든 어떤 것을 태우거나 따뜻하게 하기 위해 씁니다. 어느 지역에서든 뭔가를 식히기 위해 불을 쓴다는 경우는 있을 수 없습니다. 그만큼 자연과학은 객관적이고도 절대적으로, 신뢰가 가는 것입니다. 이에 비해 인간의 인식은 주관적이고도 상대적인 것입니다. 누군가가 "맞다"고 했을 때 그것은 그 사람의 생각에 지나지 않는 것입니다.

그렇다고 자연과학 쪽이 우월하냐 하면 그렇지 않다고 생각합니다. 불변이라는 것은 달리 말하면 더 나아갈 데가 없는 것이라고 할 수도 있습니다.

반대로 가변적이라는 것은 모든 가능성으로 가득 차 있습니다. 저는 늘 인간의 그런 불확실한 가능성에 많은 기대를 걸려고 합니다. 철학은 그야말로 인간의 가능성에 대해 계속 생각하는 학문이고 그렇기 때문에 그 즐거움은 더할 나위가 없는 것입니다.

일상을 철학하다

초판 1쇄 발행 | 2014년 12월 10일

지은이 오가와 히토시
옮긴이 고재운
책임편집 김성희, 이선아
디자인 김수정, 김한기

펴낸곳 바다출판사
발행인 김인호
주소 서울시 마포구 어울마당로5길 17(서교동, 5층)
전화 322-3885(편집), 322-3575(마케팅)
팩스 322-3858
E-mail badabooks@daum.net
홈페이지 www.badabooks.co.kr
출판등록일 1996년 5월 8일
등록번호 제10-1288호

ISBN 978-89-5561-744-3 03190